한글세대를 위한
함안 금라전신록 산책

한글세대를 위한 함안 금라전신록 산책

초판 1쇄 발행 2023년 12월 7일

지은이   김훤주
펴낸이   구주모

편집책임   김훤주
디자인   송은정
유통·마케팅 정원한

펴낸곳   도서출판 피플파워
주소   (우)630-811 경상남도 창원시 마산회원구 삼호로38(양덕동)
전화   (055)250-0190
홈페이지   www.idomin.com
블로그   peoplesbooks.tistory.com
페이스북   www.facebook.com/pepobooks

ISBN   979-11-86351-63-5(03900)

한글세대를 위한
함안 금라전신록
산책

김훤주 지음

도서출판
피플파워

3장

풍속

4장

금라전신록

금라전신록

『금라전신록』은 임진왜란 직후인 1639년에 함안의 선비 조임도가 지역에 전해오는 믿을 만한 기록을 모아 펴낸 책이다. 함안이 배출한 여러 인물들의 행적과 문장을 모은 인물 · 문학사전이라 할 수 있다. 1979년 12월 경상남도 유형문화재로 지정된 이 책의 목판은 현재 함안박물관에서 보관하고 있다.

이 좋은 고전을 기억 너머로
보내지 않기 위하여

함안이 기록의 고장이라는 것은 잘 알려져 있는 사실이다. 『함주지』·『함안총쇄록』과 더불어 손꼽히는 것이 『금라전신록』이다. 『함주지』는 수령과 지역 유지들이 함께 편찬한 읍지이고 『함안총쇄록』은 수령 개인이 기록한 일기이며 『금라전신록』은 함안 출신 인물들의 훌륭한 행적과 뛰어난 시문을 한데 모은 책이다.

옛날 문집은 개인의 일을 기록한 것이 대부분이다. 그런데 『금라전신록』은 함안이라는 지역을 바탕 삼아 만든 저작물이다. 지역을 중심에 놓은 문집은 조선시대는 물론 고려시대까지 통틀어도 찾아보기 어렵다. 그것만으로도 이 책이 지니는 가치는 가히 독보적이라 할 수 있다.

모든 것이 서울 중심으로 흘러가고 지역이 메말라가는 지금의 현실에서 이 책이 지니는 의미가 더욱 각별하게 다가온다. 게다가 수

준도 높다. 이 책에 실린 함안 출신 인물들의 행적과 시문은 어디에 내놓아도 처지지 않는다.

『금라전신록』에는 지금의 시선으로 보아도 여전히 공감할 수 있는 훌륭한 행적들이 적지 않다. 가슴에 새겨 본보기로 삼아도 좋을 만큼 감동적이고 교훈적인 내용도 풍성하다. 그래서 좀 더 많은 사람들에게 『금라전신록』이라는 책이 있다는 사실과 『금라전신록』에 전해지는 여러 좋은 내용을 함께 알리는 것도 뜻깊은 일이겠다는 생각을 하게 되었다.

먼저 『금라전신록』에 있는 내용 중에 지금 관점으로도 여전히 필요하고 뜻깊은 부분을 먼저 추렸다. 재해석이 가능하거나 비판적으로 검토해볼 만하거나 재미있게 읽힐 거리도 챙겼다. 그런 다음

에 다양한 시각으로 조명하고 새롭게 의미를 더하면서 설명과 해설
을 입히는 방식으로 글을 썼다.

이런 과정에서 무엇보다 방대한 분량의 자료가 필요했는데 한국
고전번역원 사이트에서 여러 고전번역서를 다양하게 활용할 수 있
었다. 또한 함안문화원에서 2010년 펴낸 『국역 금라전신록』에서 한
문 원본과 한글 번역본을 번갈아 확인하면서 내용을 정리했다.

원문을 곧이곧대로 옮기기보다는 앞뒤 맥락을 감안하여 좀 더 알
기 쉽도록 적절하게 가감첨삭했다. 한문체 특유의 산만하거나 늘어
지는 느낌이 들지 않도록 하기 위해 생략한 대목도 적지 않다. 한자
는 최대한 적게 쓰려고 했으며 특히 인명은 '공'이나 '선생'으로 대신
부르는 것을 없애고 모두 이름 석 자로만 표기해 가독성을 높였다.
글 싣는 차례는 맨 앞에 '인물'을 두고 '생각과 느낌', '풍속'을 그

뒤에 두었다. 보통이라면 서두에 들어가기 마련인 '『금라전신록』에 대한 소개와 해설'은 일부러 맨 뒤로 돌렸다. 처음부터 딱딱한 책 소개가 길어지면 정작 내용에 대해 호기심이 줄어들까 싶었기 때문이다.

텔레비전 같은 대중 매체 덕분에 역사에 대한 이해와 인식이 대중화되고 높아진 것은 사실이다. 하지만 지역에 초점을 맞춘 경우는 여전히 드물다. 『금라전신록』에 담겨 있는 옛사람들의 행적과 시문은 함안의 이야기임과 동시에 우리나라 전체를 아우르는 것이기도 하다. 보다 많은 사람들에게 읽혀서 지역에 대한 자긍심을 높이는 데 도움이 되기를 바란다.

2023년 11월
김훤주

───── 1장 ─────

인물

인물

1. 어변갑의 뛰어난 글재주

함안 출신 역사 인물 가운데 가장 글을 잘 쓴 사람으로는 집현전 직제학을 지낸 어변갑(1381~1435년)이 으뜸으로 꼽힌다. 어변갑은 세종 임금 때 여러 벼슬을 두루 지내면서 세종의 선정을 적극 뒷받침했던 인물 가운데 한 사람이기도 하다.

옛날 과거 시험은 세 차례 치러졌다. 요즈음으로 치자면 공무원 공채 시험이라 할 수 있는데, 그중에서도 고위 공무원에 해당하는 외무고시나 행정고시에 해당된다고 볼 수 있다. 이 두 고시는 1차와 2차를 거쳐 최종 3차 면접을 통과해야 합격을 할 수 있다.

과거 시험 역시 세 차례 치르는 것은 다르지 않았다. 먼저 광역 시·도 단위에서 치르는 향시에 통과하면 이듬해 서울에 모여 회시를 치렀고 여기에서 합격해야 임금 앞에서 치르는 전시에 나설 수 있었다.

어변갑은 1399년에 19살 어린 나이로 회시에 합격했다. 그로부터 9년 뒤인 1408년에는 전시에서 장원급제로 이름을 올렸다. 지금은 공무원을 선호하는 이유가 안정된 직업이라는 것이지만 옛날에는 가문의 명예를 위해 벼슬에 나가는 경우가 많았다. 그러다 보니 평생을 과거에 매달리는 경우도 허다해서 최장수 합격자가 85살이라는 기록이 남아 있을 정도다. 그에 비기지 않더라도 어변갑의 28살 장원급제는 대단한 일이라 할 수 있다.

이른 나이에 벼슬살이를 시작한 그는 동료 선후배 사이에서 금세 명문장으로 인정받았다. 이를 잘 보여주는 것이 『금라전신록』에 실려 있는 '불교를 배척하는 상소문(闢佛疏)'이다. 『세종실록』 1424년 3월 8일자를 보면 집현전 신하들이 집단으로 상소하는 장면이 나오는데 이때 어변갑이 집현전 전체를 대표하여 작성한 문서가 바로 이 상소문이다.

집현전은 1420년에 세종이 인재 양성과 학문 진작을 목적으로 만든 학문연구기관으로 다들 내로라하는 인물들로 구성이 되었다. 그 가운데서도 어변갑이 가장 글을 잘 쓴다고 꼽혔기 때문에 가능한 일이었다.

어변갑의 빼어난 글재주는 대제학 정이오(1347~1434년)의 꿈 이야기에서 특히 잘 드러난다. 대제학은 예문관에서 가장 높은 벼슬로, 특히 과거 시험 전체를 관장하는 중요한 역할을 했다. 어변갑이 응시했던 1408년 문과 과거를 앞둔 시점에 정이오가 꿈에서 시를 한 편 얻었는데 어변갑의 장원급제를 예언하는 내용이었다.

"바람이 세 차례 거세게 몰아치니 고기가 갑옷으로 변하는
데 둘씩 짝을 지으려면 원래 실력이 어금버금해야 하지만
그대 이름만 용문 위에 올라도 그만이지."

이 시는 『금라전신록』의 '집현전 직제학 어변갑 행장'에 들어 있
다. '세 차례 몰아치는 바람'은 세 번의 과정을 거쳐야 하는 과거 시
험 절차를 비유한다. 다음에 나오는 '고기(魚)가 갑옷(甲)으로 변한
다(變)'는 한자로 쓰면 바로 어변갑(魚變甲)이 되고, 아래로 이어지
는 내용은 바로 그 어변갑이 2등과 큰 격차를 보이며 1등 장원을 차
지한다는 의미이다. 그리고 마지막 구절의 용문(龍門)은 과거 합격
을 뜻한다.

'행장'은 죽은 이의 생전 행적을 요약 정리한 글이다. 그러므로
이 이야기는 사실일 가능성이 높다. 하지만 사실 여부는 그리 중요
하지 않다. 시험을 관장했던 대제학 정이오가 실제로 꾸었던 꿈일
수도 있고, 아니면 후에 어변갑의 뛰어난 글솜씨를 칭송하기 위해
만들어 낸 이야기가 입에서 입으로 전해졌을 수도 있다. 진위야 어
쨌든 어변갑의 실력과 재주가 군계일학이고 발군이었음을 말해주
는 데는 조금도 모자람이 없는 것이다.

이 꿈 이야기는 어변갑의 행장에만 있는 것이 아니다. 『패관잡
기』·『동각잡기』·『연려실기술』·『해동잡록』 등 여러 책에 실려 있
다. 이처럼 여러 군데에서 기록을 전한다는 것은 당대는 물론 이후
에도 이 꿈을 사실로 여기는 이들이 많았다는 것을 보여준다.

어변갑 무덤(산인면 내인리 산35)

어변갑은 '불교를 배척하는 상소문'처럼 신하를 대표하는 문장만 지은 것이 아니었다. 임금의 뜻을 받들어 임금을 대리하는 문장도 지었던 것이다. 업적이 크거나 지위가 높은 신하가 죽었을 때 임금이 내리는 제문을 종종 맡아 썼다. '금천부원군 박은에게 제문을 내리는 교서', '창녕부원군 성석린에게 제문을 내리는 교서', '길천군에게 제문을 내리는 교서' 등이 『금라전신록』에 실려 있다.

2. 글솜씨는 뛰어났지만 불행했던 조욱

함안에는 어변갑 말고도 글솜씨가 뛰어난 사람이 또 있었다. 어변갑이 세상을 떠나기 직전인 1432년에 태어난 조욱이라는 인물이 주인공이다. 그는 22살 때인 1453년에 단종 임금 앞에서 치른 시험에서 상위 50등 안에 들어서 합격했다.

『금라전신록』은 조욱을 두고 "문장을 잘 지었고 특히 한꺼번에 붓을 달려 쓰기를 잘하여 비록 하루에 1만 글자를 가지고 시험해도 금세 작성해 내었다"고 하면서 "이처럼 번뜩이는 재주를 타고나 일찍부터 나라를 빛낼 인재로 기대를 모았다"고 했다.

그런데 "몸을 가누지 못할 정도로 술에 취하여 예의를 어기는 죄를 저지른 탓으로 불우하게 벼슬길이 막혔다"고 적으며 "관직이 교서관 저작으로 그친 채 삶을 마쳤으니 아는 이들이 안타까워했다"고 덧붙였다. 교서관 저작은 궁중에서 지내는 제사 관련 문서와 향을 보관하는 장소를 관리하는 정8품 미관말직에 해당된다.

『단종실록』에는 조욱이 교서관 정자(정9품)로 있을 때의 일이 기록되어 있다.

> "조욱이 향실에 들어가 산천의 성황신에게 지내는 기우제 축문에 마음대로 임금의 도장을 찍었다. 일이 발각되어 사헌부에서 수사에 들어가니 조욱이 도망했다."

뛰어난 처세로 입신출세하는 이도 있지만 대개는 걸맞은 인품과 행동이 재주를 빛나게 하는 데 큰 몫을 차지한다. 그런 면에서 보자면 조욱의 불운은 스스로 불러들인 면이 적지 않다. 타고난 재주를 제대로 발휘할 수 없었던 것은 안타까운 일이다.

3. 단종을 위하여 숨어 살았던 조려

『금라전신록』에는 성문준(1559~1626년)이 지은 '어계 조려 전기'가 실려 있는데 이를 통해 생육신으로 유명한 어계 조려(1420~1489년)의 삶을 더듬어 볼 수가 있다.

> "조려는 단종이 왕위에 오른 1453년 서울에서 치러진 회시에서 합격해 진사가 되었다. 오늘날 서울대학교에 해당하는 성균관에 입학하여 임금 앞에서 치르는 시험인 전시를 준비했다. 1455년 단종의 작은아버지 수양대군이 단종을 내쫓고 왕위에 오르는 사건이 터졌다. 이에 조려는 과거를 단념하고 함안에 돌아와 숨어 지내면서 다시는 벼슬을 하지 않았다."

그런데 '어계 조려 전기'에는 이어서 "조려는 성균관의 학생이었을 뿐 단종에게 예물을 바친 것은 아니었다"라는 글이 나온다. 이게 무슨 내용인지 살펴보면 이렇다. 옛날에는 임금과 신하의 관계가 성립되기 위한 형식이 필요했는데 신하가 임금에게 예물을 바치는 것이었다.

이렇게 임금과 신하의 관계가 성립되면 임금은 신하를 지켜주어야 하고 신하는 임금을 위해 충성을 바쳐야 한다. 그런데 조려는 단종 시절에 2차 시험인 회시에 합격만 했을 뿐 벼슬을 맡은 적이 없으니 그의 신하가 아니었고 따라서 굳이 단종에게 충성을 다해야 하는 의무는 없는 상태였다.

이어서 '어계 조려 전기'는 "뜻을 굽히고 새 왕조에 벼슬을 해도 무방하였고 또 그랬다면 엄청난 봉급을 받는 벼슬쯤은 하루아침에 얻었을 텐데도 절개를 지켜 길이 숨어지냈다"고 적고 있다. 임금과 신하의 관계가 성립된 것이 아님에도 부귀와 명예를 포기한 조려의 인품을 잘 설명하는 대목이다. 이를 두고 옛날 중국에서 두 임금을 섬기지 않

어계 조려의 채미정(군북면 원북리 353)

조려가 태어난 어계 고택

고 새 임금의 땅에서 나는 음식을 먹지 않겠다며 산에 들어가 고사리
를 캐 먹었던 백이·숙제와 비길만한 인물로 칭송되기도 했다.

말 한 마디도 제대로 할 수 없던 시절

요즘 현실에서 보자면 이렇게 숨어 지내는 것이 어디까지나 개인
의 자유로운 선택일 수도 있다. 그러나 당시 상황으로 보자면 단순한
의지나 가치관의 문제가 아니라 복잡한 것들이 얽혀 있었다. 백성이
아니라 왕에게 모든 권한이 주어졌던 왕국에서 벼슬은 선택의 문제가
아니라 복종의 의미가 강했다. 하기 싫어도 임금이 시키면 해야 하고
거부하면 혹독한 처벌을 각오해야 하는 시절이 아니었던가!

그러면 이러한 현실에서 조려는 생전에 왜 벼슬을 하지 않는지 다

른 사람들에게 밝힐 수 있었을까? 세조는 조카를 내쫓고 임금 자리를 차지한 나쁜 사람이므로 그의 조정에서는 벼슬을 하지 않겠다는 말을 입 밖으로 꺼냈다면 아마도 반역을 꾀하는 대역죄인으로 몰려 목이 달아났을 것이다. 당시 반역죄는 삼대가 몰살을 당하는 가장 큰 범죄였다.

이런 사정은 『금라전신록』에서 '어계 조려 유고'에 붙어 있는 조임도(1585~1664년)의 글에서도 그대로 드러난다.

> "숨어서 자신을 드러내지 않으려 했기 때문에 남들은 그 은밀한 속마음을 몰랐다. 오늘날 살펴보면 비단 후세에만 알지 못한 것이 아니라 당시에도 역시 몰랐으며 비단 남들만 몰랐던 것이 아니라 집안 자손들도 제대로 알지 못했다."

후손 조임도의 현명한 판단

아무리 감추어도 숨은 뜻은 어떻게든 드러나기 마련이다. 후손 조임도는 선조 조려가 남긴 시에서 그 단초를 찾았다. 음력 9월 9일 중양절에 산에 올라 지은 작품이었다.

"복희 · 헌원 멀어지니 그 얼마나 슬프며 화타 · 훈 보지 못해 마음 절로 아프네." 복희 · 헌원과 화타 · 훈은 고대 중국의 전설적인 인물들로 태평성대를 상징한다.

이를 두고 조임도는 "좋은 계절에 산에 오르는 것이 괴롭고 분하고

조려를 비롯한 생육신을 모시는 서산서원

못마땅한 일이 아닌데도 옛날을 생각하며 마음 아파하고 세상을 슬퍼하는 뜻이 저절로 나타났다"면서 "조려의 본마음이 어쩔 수 없이 드러난 대목"이라고 했다.

조임도는 '어계 조려 전기'와 조려가 남긴 시문들을 찾아 모아 『금라전신록』에 실음으로써 어계 조려의 뜻이 사라지지 않도록 했다. 그리고 이 같은 노력들은 세월이 흐르면서 사람들에게 알려지고 세상의 여론에 힘입어 숙종 임금 때인 1699년에 복권이 이루어졌다. 세조가 조카의 왕위를 빼앗은 때로부터 250년가량 세월이 지난 뒤의 일이다.

연산군·광해군처럼 한 등급 아래인 '노산군'으로 불리던 단종은 이때 정식 임금으로 승격되었다. 조려 또한 김시습·원호·이맹전·성담수·남효온 등과 함께 생육신으로 역사의 기록에 남게 되었다.

4. 조려의 후손은 벼슬을 하지 않았을까?

단종에 대한 충성을 마음에 품고 세조를 피해 숨어 살았던 조려의 마음이 어떠했을까는 어렵지 않게 짐작할 수 있다. 그렇다면 그의 자손들은 어떤 삶을 살았을까 궁금해진다. 세조의 조정에 나가서 벼슬을 하는 것은 아버지 또는 할아버지가 숨어 산 뜻과는 맞지 않기 때문이다.

그런데 조려는 자손들의 벼슬살이 여부에는 관여하지 않았다. 자신이 숨어 사는 이유를 평소에 밝히지 않아 자식과 손자들도 그 뜻을 몰랐다는 데서 짐작할 수 있듯이 후손들은 자신들의 실력과 역량에 걸맞게 제한 없이 벼슬길에 나아갔다.

먼저 세 아들이 모두 벼슬을 했다. 장남 조동호(1441~1517년)는 호분위 부장, 사옹원 주부 · 판관, 사온서 영, 군자감 주부, 사헌부 감찰을 두루 거쳤고 거창군 · 무주군 · 청하현 · 영산현 · 진산군 · 영덕현의 수령도 맡았다.

둘째 조금호(1445~1533년)도 그에 못지않게 경상우도 수군 우후, 내금위 장, 첨지중추부사, 훈련원 부정, 영흥부 통판을 했고 장기 · 고성 · 거제 · 단천 · 황주 · 서흥군수와 양주목사를 지냈다. 아울러 막내 조야호도 참봉에 올랐다는 기록이 남아 있다.

이어서 장남의 아들 7명을 살펴보면 첫째 조순(1459~1527년)이 김해군수, 이조참판, 충청도 병마절도사, 승정원 승지, 대사헌, 둘째 조건은 경상우도 수군 우후, 셋째 조삼(1473년~?)은 함양군수, 사헌부 집의, 예조 · 병조 · 형조 낭관, 넷째 조적은 단성현감, 장예원 판

조금호 부부 무덤(군북면 원북리 산116)

결사, 교서관 정자, 성균관 전적, 다섯째 조창은 어모장군이고 여섯째 조발은 사과와 창신교위, 일곱째 조연(1489~1564년)은 김천찰방과 의금부 경력이다.

차남의 아들은 3명인데 이들 또한 첫째 조수만(1469~1491년)은 장사랑, 둘째 조수천은 수군절도사, 셋째 조수억은 의령현감을 한 기록이 있다. 기록에서 찾을 수 없었던 막내아들 조야호의 자식들은 제외하더라도 모두 10명이 벼슬을 했다.

비록 조려가 세조에 대해 비판적이었다 해도 그 자식과 손자들은 그에 관계없이 세조와 그 직계 자손들이 다스리는 조정에 나가서 저마다 나름대로 관직을 맡았다. 지금도 부모가 자식의 삶을 통제하는 데 한계가 있듯이 당대에도 이는 아주 당연한 일이었던 것이다.

이는 『금라전신록』에 조려의 시문을 실으면서 붙인 조임도의
발문에서도 확인된다.

"두 아들과 일곱 손자에 이르러 좋고 기쁜 일이 드러났다.
마침내 장남 조동호가 대사헌까지 하게 되면서 조려도 도
승지에 추증되었다. 선을 쌓으면 넉넉한 경사가 있다는 것
은 참으로 분명한 사실이다."

5. 그러면 고려 충신의 후손은 어떻게 했을까?

최근 사람들의 관심이 높아지면서 찾는 이가 많아진 곳이 함안
고려동이다. 오랜 세월을 견뎌낸 자미화의 아름다운 자태와 잘 손
질된 오래된 한옥이 어우러져 한나절 나들이 장소로도 손색이 없
다. 거기에다 역사적인 스토리가 더해져 고려동은 한층 풍성한 장
소가 되었다.

함안에는 단종의 충신 조려 말고도 고려에 마음을 바친 충신 이
오가 있다. 고려 조정에서 과거에 합격한 경력이 있으면서도 고려
가 망하려는 조짐이 보이자 산인면 모곡리에 들어와 숨어 살았는데
그곳이 지금의 고려동이다.

생육신 조려의 후손들은 세조의 정권 아래에서 두루 벼슬길에
올랐다. 고려 충신 이오 역시 조선 왕조에 대해 마음속으로는 비판적
이고 배타적이었지만 그 자식과 손자들의 벼슬길을 막지는 않았다.

배롱나무가 우거진 고려동 자미단(산인면 모곡리 579-2)

고려동 종택 자미정(산인면 모곡2길 53)

훗날 사람들이 자손들이 벼슬길에 나아가지 않았을 거라고 생각하는 것은 충신에 대한 일종의 기대심리 혹은 고정관념 같은 것이 더해진 까닭이 아닌가 싶다.

현실적으로도 그것은 불가능한 일이었다. 먼저 3대에 걸쳐 과거 합격자가 나오지 않으면 그 가문은 양반으로 인정받지 못했다. 그러므로 대대로 벼슬을 하지 않는다는 것은 조선 왕조 내내 양반이 아닌 신분으로 살게 된다는 얘기였던 것이다.

『금라전신록』에는 '증호조참판 이개지 묘비문'이 실려 있다. 이오의 외동아들이 바로 이개지(1415~1487년)인데 그는 어려서부터 학문을 좋아했지만 벼슬에 뜻을 두지는 않았다. 대신 농사에 전념하면서 재산을 크게 일으켰다.

부자인데다 인심까지 넉넉하고 보니 "임금의 명령을 받들고 남쪽 고을로 오는 사람마다 이개지를 찾아 장수를 기원하면서 술잔을 올렸다." 여기서 '남쪽 고을'은 함안을 가리키고 '임금의 명령을 받들고 오는 사람'은 고을 수령을 말하는 것이다. 고려 충신의 자식이라도 조선 왕조의 벼슬아치들과 잘 지냈던 것이다.

본격적인 조선 왕조 벼슬살이는 손자 대에 이루어졌다. 장손 이맹현(1436~1487년)은 1460년 과거에 장원급제하고 황해도 관찰사까지 지냈으며 집까지 하사받아 서울로 옮겨가 살았다. 둘째 손자 이중현은 성균관·예조·사헌부·사간원·승정원을 두루 거쳐 참지에 이르렀고 영해부사도 지냈으며 막내 손자 이계현도 충순위를 했다.

이개지 무덤(법수면 황사리 산10-1)

증손자도 장손 이맹현 아래에 7명, 둘째 손자 이중현 아래에 2명, 막내 손자 이계현 아래에 3명 등 모두 12명 가운데 8명이 벼슬을 했다. 특히 첫째 증손자 이상은 1483년 진사시에서 장원급제를 하기도 했다.

편견 없이 보자면 벼슬살이는 나쁜 것도 부끄러운 것도 아니고 그냥 주어진 조건 중에 하나로 여기면 옳은 일이다. 선조 이오는 고려 사람으로서 고려에 도리를 다했고 후손들은 조선 사람으로서 새로운 왕조에 맞추어 그 도리를 다했다. 어떤 삶이든 소신껏 살 수 있다면 그것으로 가치는 충분하다는 것을 역사 인물을 통해 배우게 된다.

6. 2대에 걸친 사랑 이야기

『금라전신록』은 2대에 걸친 부부간의 사랑 이야기도 전해주고 있다. '남계처사 조수만 묘갈 묘지'에는 아버지 부부의 사연이 있고 '사헌부 감찰 조응경 묘갈 묘지'에는 아들 부부의 이야기가 들어 있다.

아버지 조수만 부부의 사연을 살펴보면 이렇다.

> "부인 하씨는 1465년에 났는데 성품이 효성스럽고 유순했
> 으며 집안일을 잘했으니 길쌈질과 바느질이 모두 정교하여
> 사람이 한 것 같지 않았다. 1490년 8월 4일에 유방에 병이
> 생겨 다음 달 22일에 세상을 떠나니 나이 스물여섯이었다."

> "조수만은 아내를 잃고부터는 애도하는 마음이 매우 커서
> 세상일에서 벗어나 스스로를 남계처사라 하면서 자연 속을
> 거닐고 시름을 풀었다. 그러다가 1491년 7월 11일 함안 집
> 에서 병으로 세상을 떠나니 나이 스물셋이었다."

조수만 부부가 1487년에 낳은 아들이 조응경이다. 조응경(1487~1549년)은 4살과 5살 때 잇달아 어머니와 아버지를 여의었다. 그는 형제도 없고 부모 얼굴조차 제대로 기억하지 못한 채 할아버지 조금호의 품에 안겨 자라났다.

이번에는 남편이 먼저 세상을 떠났다.

조응경 무덤(군북면 하림리 산80)

"1542년에 고향으로 돌아와서는 다시는 벼슬에 나가려고 하지 않았다. 그러나 조정에서 오래 내버려 두면 안 된다고 해서 다시 감찰에 임명되었고 뒤이어 예안현감으로 나갔다가 세상을 떠나니 1549년 5월 나이는 예순셋이었다."

"부인 유씨는 조응경이 두 번째로 맞이한 아내인데, 남편이 세상을 떠나자 소리 내어 곡하고 눈물을 흘리며 울다가 병으로 눕게 되어 1년도 되지 않아 일어나지 못하게 되었으니 1550년으로 나이가 쉰여덟이었다."

아버지 부부와 아들 부부 모두 1년 간격으로 세상을 떠났다는 공통점이 있다. 위계질서가 뚜렷했던 조선시대 양반 사회에서 부부는 구별이 엄격했고 서로에 대한 감정 또한 절제될 수밖에 없었다.

남녀 사이의 애정은 글로 구체적으로 묘사하는 것조차 금기였다. 무덤 앞에 세우는 석물에다 새겨놓은 배우자에 대한 사무친 연정이 더욱 특별하게 느껴지는 까닭이다. 사랑조차 계산을 앞세우는 요즘 세상에 잔잔한 감동으로 다가온다.

종군하는 아버지를 뵈러 갔다가 그만

아내를 잃고 몸과 마음이 모두 상했던 아버지 조수만은 효성도 대단했던 모양이다. 조수만은 전쟁터에 나가는 아버지를 뵈려고 길을 나섰다가 그것이 무리가 되어 돌아올 수 없는 길을 떠나고 말았다.

> "얼마 되지 않아 중풍·마비가 생겨서 치료하려고 수레를 타고 동래온천으로 목욕하러 갔다. 그때 조정에서 북방 오랑캐를 막는 군사를 쓰는 데 따라 아버지 조금호가 종군을 하게 되었다. 소식을 듣고 그는 '아버지가 위험한 일을 겪게 되었으니 자식으로서 찾아가 뵈어야 한다'면서 억지로 병을 참고 길을 나섰다. 아버지가 굳이 말렸지만 소용이 없었고 그 때문에 질병이 위독해져서 끝내 일어나지 못했다."

아내를 떠나보내고 몸마저 성치 않은 상황에서 아버지를 뵙기 위해 위험한 길을 나서는 아들의 절절한 심정을 지금의 관점으로 보면 아무리 효성이 지극해도 무모하게 느껴진다. 하지만 조선시대 전쟁터는 거의 죽음을 의미하는 것과 다름이 없었다.

어쩌면 이승에서 마지막 이별이 될 수도 있었기에 조수만은 아버지를 뵙기 위해 억지로 몸을 일으켰다. 하지만 그 때문에 목숨을 잃게 되고 결과적으로는 아버지보다 앞서 죽는 불효를 저지르고 만 셈이다.

7. 옛날의 노블레스 오블리주는 어떤 모습이었을까?

'노블레스 오블리주'는 '고귀한 신분으로 태어난 사람은 하는 행동도 고귀해야 한다'는 뜻이다. 여기서 말하는 고귀한 행동은 어려운 사람들에 대한 나눔을 실천하는 것이다. 한 사회에서 재물을 모은다는 것은 반대편에 있는 사람들의 노동이나 소비나 그 외 어떠한 것들이 작용을 해야 가능한 일이다. 그래서 '가진 자의 의무' 또는 '환원'이라는 말로 '노블레스 오블리주'를 해석하기도 한다.

하지만 예전에는 이런 개념이 훨씬 희박했다. 양반들이 누리는 것은 당연했고 반대편에 있는 사람들이 겪어야 하는 고통은 천형처럼 받아들여지는 시절이었다. 그런 시절에도 '노블레스 오블리주'는 살아있었고 『금라전신록』은 이 '노블레스 오블리주'를 몸소 행한 이들의 이야기를 꼼꼼하게 적어 후세에 전하고 있다.

집현전 직제학 어변갑 행장

"벼슬에서 물러난 어변갑은 어버이 모시는 데만 열성일 뿐 재산 늘리는 일을 하지 않았다. 옛날부터 갖고 있던 재산 불리는 계약 증명서를 모두 가져다 불태워 버리고 관가에는 터럭만큼도 남겨두지 않았으니 참으로 맑은 세상에 한 명의 여유로운 사람이었다."

여기서 말하는 재산 불리는 계약 증명서는 이를테면 돈이나 쌀을 빌려주고 이자로 얼마를 받는다고 적은 문서를 말한다. 이런 증명서를 옛날에는 관아에도 한 부 가져가서 공증을 하고 보관을 하도록 했는데, 이것을 가져다 모조리 불태운 것은 크고 작은 빚을 모조리 탕감해 준 셈이니 아무나 쉽게 할 수 없는 일이었다.

옥포만호 이희조 사적

"이희조는 일찍이 대포 주변에 보리 수십 석을 심을 수 있는 묵정밭을 가지게 되었다. 원님에게 알려서 다른 날 먹고 살기 위하여 취득했다는 증명서를 받았다. 하루는 고을 사람 아무개가 와서 '대포의 묵은 땅에서 많은 백성들이 농사 짓기를 원하는데 당신에게 증명서가 있다는 말을 듣고 감히 하지 못하고 있습니다'라고 말했다. 이에 이희조는 '백성들의 뜻이 그렇다면 내가 어찌 사사롭게 갖겠느냐?'라고 웃으며 말했다. 마침내 증명서를 불태우니 사람들이 모두 기뻐하며 그 너그러운 아량에 감복하였다.”

이희조는 한 걸음 더 나아가 아예 이웃을 위해 땅을 내놓았다. 덕분에 사람들은 묵정밭을 새로 개간해 먹을 양식을 장만할 수 있게 되었다. 그리고 은혜를 입은 사람들은 고마움을 잊지 않고 보답하였다.

“이희조가 세상을 떠나자 아전들은 모두 백일 동안 상복을 입었으며 멀고 가까운 마을 백성들들도 저마다 쌀을 내어 제사 지내고 절에 가서 복을 바친 것이 무릇 일곱 차례였다. 이는 이희조를 사랑하고 추모하는 참된 모습이었다. 인심을 듬뿍 얻었기에 이럴 수 있었다.”

전의현감 오언의 묘갈명

“조상을 모시는 사당과 무덤이 모두 충북 옥천에 있었는데 농지도 아주 넉넉했다. 대대로 벼슬에 나가고 고향 옥천을 떠나 살게 되면서 점차 여러 일가들이 농지를 나누어 짓게 되었다. 그러나 아버지 오석복(1455~1533년)은 일찍이 옥천 근처 두 곳에서 수령으로 있으면서도 따지지 않았다. 오히려 ‘저들이 가난하여 그렇게 해서 먹고사는데 어찌 거두어들이겠는가’라고 했다. 아들 오언의(1494~1566년)도 아버지가 남긴 뜻을 받들어 그대로 두었다.”

여기서 말하는 '일가'는 친인척의 범주에 들어가는 말이기는 하지만 4촌 6촌 8촌 같은 좁은 범위가 아니었다. 지금 관점에서 보면 남이나 다름없는 사람들까지 포괄하는 개념이다. 같은 성씨끼리 집성촌을 이루고 살던 당시의 일가는 지금의 동네 이웃 정도로 보면 맞을 듯하다.

종부 주부 조감 묘갈명

"조감(1530~1586년)은 대대로 부유한 집안이었다. 경기도 파주 처가에 살고 있었는데 재산이 남쪽 고향에 있어 해마다 추수가 끝나면 사람을 시켜 옮겨오도록 하였다. 그런데 조감은 가난한 사람을 구제할 일이 있으면 재물이 도착하기 전에도 기꺼이 남의 돈을 빌려 썼다.

또 이웃들이 나이가 찼는데도 가난하고 의지가지가 없어서 결혼을 못하고 있으면 그들을 도와 혼인하도록 해준 사람이 여럿이었다. 이웃에서 그 은혜를 입지 않은 사람이 없을 정도였다."

아버지 조정견은

조임도는 조감의 묘갈명에 붙여서 그 아버지 조정견의 행적을 적었다. 이를 읽어보면 조감은 자라면서부터 보고 배운 것이 있어서 그리했던 모양이다. 말 그대로 훌륭한 아버지를 보고 배운 부전자전이 아닐 수 없다.

조정견 부부 무덤(군북면 하림리 산80)

"집안이 매우 부유해서 한 해 소득이 거의 천석 남짓이었다. 때때로 관아에 쌀이 다 없어지면 그때마다 쌀을 내어놓아 떨어지지 않도록 했는데 많을 때는 수백 석 남짓에 이르렀다. 또 가난한 사람을 보면 언제나 조금도 아끼지 않고 베풀어 주었다.

양어머니와 생모가 모두 살아 계실 적에는 한 달에 서너 차례 제사가 돌아올 때마다 반드시 매우 넉넉하게 갖추고 이웃과 일가를 청하여 두 부인의 장수를 함께 빌었다. 두 부인의 생신과 봄가을 좋은 철에도 이웃 고을의 수령까지 초대하여 즐겁게 풍악과 잔치를 베풀었다.

대대로 물려오는 토지 말고는 물건을 하나도 더하려고 하지 않았다. 한때 비록 사치한다는 말이 있었지만 참으로 마

음이 넓어 염두에 두지 않았다. 조정견이 세상을 떠나자 조
문을 하거나 제사를 돕는 사람이 끊임없이 이어졌다."

두 분 어머니를 위하여 잔치·제사를 크게 벌였다는 것이 '노블
레스 오블리주'와 어떤 관계가 있는지 궁금하게 여길 법하다. 그렇
지만 당시 사정을 알고 보면 갸웃하던 고개가 다시 끄덕여진다. 지
금과 달리 옛날에는 대부분의 사람들에게 배고픔은 거의 일상이었
다고 해도 과언이 아닐 정도였다.

그러다 보니 능력만 되면 집안에서 무슨 행사를 할 때 아끼지 않
고 최대한 거창하게 음식을 장만하는 것이 미덕이었다. 그래야 이
웃들이 한때나마 굶주림에서 벗어날 수 있었고, 가난한 이웃 사람
들을 불러 일을 시키고 품삯을 나누기도 했다. 옛날 부자들의 집안
행사가 이렇듯 베풂의 현장이기도 했다니 격세지감을 느끼게 하는
일이다.

8. 용퇴가 왜 중요할까

『금라전신록』에 실려 있는 '사헌부 집의 조삼 무진정 기문'에서
주세붕(1495~1554년)은 이렇게 적었다.

"벼슬살이는 영예롭기도 하지만 치욕스러운 것도 있어서
군자는 과감하게 물러나는 용퇴를 귀하게 여긴다."

조삼이 지은 무진정

주세붕을 모시는 무산사

조삼이 훌륭한 인물인 까닭은 더 오래 벼슬을 할 수 있었음에도 고향으로 과감하게 물러나 무진정에서 노닐었기 때문이라는 것이다. 과감하게 물러나는 것이 별것 아닌 것처럼 보일 수도 있지만 이처럼 용퇴를 귀하는 여기는 까닭은 권력과 명예를 내려놓는 것이 그만큼 쉽지 않다는 것을 뜻하기도 한다.

부귀영화 앞에서 인간의 의지는 탐욕을 넘어서지 못할 때가 많다. 심지어 권력투쟁에서 목숨을 내어놓아야 하는 경우도 허다하다. 하지만 시대를 잘 알고 기미를 제대로 읽어 권력과 명예를 과감하게 떨치고 물러날 수 있어야 진정한 군자라는 이야기를 주세붕은 하고 있다.

그러면서 그런 본보기로 함안 고을 출신 인물 두 사람을 꼽았다.

"원수 이방실(1298~1362년)은 세상을 뒤덮는 충성으로 서울을 되찾고 나라를 참혹한 변란에서 구제했으니 업적이 매우 컸지만 비명횡사에 걸렸다. 정승 어세겸(1430~1500년)도 나라를 빛내는 문장으로 임금을 보필하고 선비들의 기둥이 되어 명성이 더없이 높았지만 죽어서도 비명횡사를 벗어나지 못했다."

고려 원수 이방실은 함안 역사의 첫머리에 놓이는 인물이 이방실 장군이다. 『금라전신록』에서 '이방실 원수 사적'을 보면 1359년부터 3년 동안 이어졌던 홍건적의 침략을 막아내고 상대방을 무수히 죽이고 물리쳤다. 이런 공훈을 높이 산 공민왕은 그를 위하여 잔치를 베풀고 보석 허리띠와 보석 머리장식을 내려줄 정도였다.

> "우리나라가 망하지 않고 백성들이 몰살당하지 않은 것은
> 모두 이방실의 공이다. 살을 베어 주어도 보답할 수 없는데
> 하물며 이런 물건이야 말해 무엇하겠는가?"

그런데 이방실의 명성과 지위가 높아지자 주변의 모략도 덩달아 심해졌다. 결국 간신배들의 중상모략에 넘어간 공민왕이 이방실을 잡아 오면 특별히 승진시키겠다고 하명을 하는 지경까지 이르렀다.

임금의 명령을 받은 이들이 잡으러 오자 이방실은 어명을 받들기 위해 마당에 내려와 꿇어앉았다. 한 사람이 칼을 뽑아서 내려치자 이방실은 옷이 벗겨지면서 엎어져 기절했다. 한참 지나 다시 깨어나 담장을 뛰어넘어 달아나게 되었는데 다른 사람들이 쫓아와 쳐서 죽였다.

일반 백성들은 이방실이 끼친 은덕을 잘 알고 있었다. 그의 목이 거리에 내걸리자 보는 사람들이 모두 한탄하면서 깊이 애도했다. 이방실에게 10살 남짓한 아들이 있었는데 거리에서 놀고 있으면 사람들이 앞다투어 물건을 주었다. 그러면서 "우리가 편안하게 자고 먹는 것은 모두 이방실의 공이다"라고 했는데 눈물을 흘리는 사람도 있었다.

아무리 위대한 인물도 모든 사람들에게 한결같이 추앙받는 일

이방실 장군 동상(가야읍 도항리 127-12)

은 불가능하다. 적은 언제나 가까운 곳에서 생겨나고 어이없는 누
명 또한 가까운 이로부터 시작되기 마련이다. 이방실 역시 이런 경
우에서 벗어나지 못했다. 그래도 다행스러운 일은 중상모략을 했던
장본인은 당대에 목이 날아가 사라졌지만 이방실의 진실은 후세의
역사가 이렇게 기록으로 남겨 놓았다.

조선 정승 어세겸은

　정승 어세겸의 훌륭함은 『연산군일기』에 나오는 기록이 모든 것을 말해준다. 그가 세상을 떠난 사실을 기록한 1500년 11월 28일자 기사를 보면 이렇게 되어 있다.

　"1456년 과거에 합격하여 1598년 그만둘 때까지 43년 동안 수많은 관직을 맡았다. 승문원 정자, 예문관 직제학, 승정원 우부승지, 평안도 관찰사, 이조·예조참판, 사헌부 대사헌, 공조·호조·형조·병조판서, 홍문관 대제학, 좌·우찬성과 의정부 우의정·좌의정 등이다.

　기개와 도량이 크고 넓었으며 첩을 두지도 않았고 용모를 꾸미지도 않았다. 청탁하는 일도 없었고 소소한 은혜를 베풀지도 않았다. 청렴 검소하여 거처가 흙을 쌓아 층계를 만들었고 벽은 흙만 발랐을 뿐 칠은 하지 않았다. 경전과 역사를 즐겨 읽었고 문장은 말이 되도록만 하고 일부러 꾸미지 않았으나 충분히 일가를 이루었다.

　벼슬에는 욕심이 없었고 활쏘기와 말타기도 잘했지만 재주를 자랑하지 않았다. 세상을 떠나고 나서 집안을 살펴보니 남은 곡식이 없었는데, 세상 평판이 떠받들어 모시고 크게 존경하였다."

　이렇게 사리사욕 없이 깨끗하게 살다 간 인물조차 벼슬살이를 너무 오래 하다 보니 임금에게 꼬투리가 잡힐 일을 하지 않을 수 없었던 모양이다. 죽고 나서 4년 뒤인 1504년에 연산군의 생모인 폐비 윤씨 문제로 갑자사화가 일어나자 1479년에 윤씨를 쫓아내는 논의에 참여했다는 이유로 무덤에서 죽은 사람을 꺼내어 목을 자르는 부관참시를 당했다.

비극은 여기서 끝나지 않았다. 『연산군일기』 1504년 5월 17일자를 보면 가까운 친족은 물론이고 팔촌이 넘는 친척들까지 빠짐없이 곤장을 맞고 귀양살이를 해야 했다. 폭군 연산군은 어세겸의 어린 증손자에게까지 유배형을 내렸다.

어세겸 또한 이방실과 같은 처지가 된 것이다. 주세붕에 따르면 일찌감치 과감하게 물러나지 않은 때문이라고 하겠지만, 탐욕을 내려놓지 못하고 관직에 연연해한 것이 아님에도 비극을 피할 수가 없었던 것이다. 두 사람을 보면서 어쩌면 인력으로 어찌할 수 없는 범위의 일들 또한 세상살이가 아닌가 싶은 생각을 하게 된다.

9. 선물 받은 귀한 은어를 먹지 않은 이유는

은어는 지금도 귀한 물고기이지만 옛날에는 지금보다 훨씬 더 귀한 대접을 받았다. 『금라전신록』에는 선물 받은 이 귀하고 큼직한 은어를 임금에게 바치지도 않고 집에서 요리해 먹지도 않은 이야기가 나오는데, 그 까닭이 무엇인지 궁금해진다.

내헌 조연 사적

"조연(1489~1564년)은 정승 심연원(1491~1558년)과 친척이기도 하고 절친하기도 해서 그 집안에 자주 드나들었다. 어느 날 둘이 바둑을 두고 있는데, 경남 산청군 단성 고을 원님이 선물로 바친 은어 두 마리가 집안에 들어왔다.

심 정승은 '보내지 않아도 그만이지만 보낸다면 두 마리는 너무 적지 않나?' 싶었다. 그런데 가져와서 보니 한 자를 넘는 크기에다 얼음으로 갈무리까지 해서 말에 실어 빨리 보낸 것이었다. 심 정승은 집에서 그냥 사사롭게 먹기에는 너무 크다고 여겨 임금에게 진상할 생각을 했다.

이를 보고 조연이 말렸다. 그러면서 '고향 함안에서도 이런 물고기는 보지 못했고 단성에서 이런 고기가 난다는 말도 들은 적이 없다. 아마 우연히 한 번 잡혔을 뿐이지 싶다. 그런데도 대궐에 바치면 해마다 은어를 공납하도록 시킬 테니 단성 백성들은 앞으로 커다란 괴로움을 겪게 될 것이다' 라고 하였다.

조연의 이 같은 말에 심 정승도 문득 깨달은 바가 있어서
그 고기를 그대로 놓아두고 스스로도 먹지 않았다. 그것은
'임금에게 올리지도 못하는 것인데 신하로서 어떻게 입에
넣을 수 있겠는가' 하는 심정이었다."

이야기를 읽으면서 원님이 관아에 들어온 공공의 물건을 사사
롭게 정승에게 뇌물로 썼다는 것을 눈여겨보는 이가 있을지도 모르
겠다. 하지만 이 이야기의 핵심은 다른 곳에 있다는 것을 어렵지 않
게 알 수 있다.

생각이 깊어서 크고 귀한 물건을 그냥 자기가 먹지 않고 임금에게 진상하려고 하는 신하의 충성도 훌륭하다 할 수 있지만 진상으로 앞으로 겪게 될 백성들을 노고를 생각하는 조연의 애민도 높이 살만하다.

뿐만 아니라 조연의 이와 같은 아름다운 생각을 기꺼이 받아들여 민폐가 생기지 않도록 조치한 심 정승도 그에 못지않게 멋진 인물이다. 유유상종이라는 말을 떠올리게 하는 훈훈한 이야기가 아닐 수 없다.

10. 죽을 때 웃을 수 있다면

종부 주부 조감 묘갈명

"조감은 병을 앓을 때도 평일과 다름없이 밝은 모습으로 손님들과 태연히 담소하였다. 아들에게 유언할 때 옆에서 사람들이 '반드시 받아 적어 기록으로 남겨야 한다'고 하자 조감은 '내 아들은 유서로 남기지 않더라도 어김없이 받들 것이오'라고 하였다. 그러고는 사촌동생을 향해 웃는 얼굴로 '자네가 친 점이 참으로 맞아떨어졌구나' 하였다. 앞서 사촌동생이 조감의 운세를 점쳐 보고 나서 올해가 좋지 않다고 말했기 때문이다.

일찍부터 생질녀를 집에 데려다 키웠는데 서울에 사는 잘나가는 집안으로 시집 보내기 위해서였다. 조감은 '내가 이

뜻은 이루지 못하게 되었구나' 하며 여러 번 탄식하였다.
또 사위 성문준에게는 '이제 얼마 남지 않았으니 빨리 친척
들에게 알려 장례를 치르도록 하는 것이 좋겠네' 하셨다.
옆에서 소리 내어 구슬피 울자 조감은 '죽고 사는 일은 당
연한 이치이니 슬퍼할 것이 없다. 이미 늙은 몸이니 한스러
울 게 있겠느냐'라며 오히려 달랬다. 다시 사위 성문준에게
'자네 아버지에게 이제 다시는 볼 수 없게 되었다고 말씀
올리게나' 하고는 더 이상 말씀이 없으셨다. 그리고 이내
편안한 모습으로 돌아가셨다."

첨모당 임운 행장

"임운(1517~1572년)이 어느 날 연은전(성종 아버지 덕종
의 사당)에서 근무하던 중에 그해 운수를 점쳐 보았더니 나
쁜 수가 나왔다. 바로 떠나려고 하였는데 그 전에 서울에서
병이 들고 말았다.
함께 벼슬하던 동료들과 벗들이 약을 지어 보내주었으나
어떤 것도 효험이 없었다. 점점 기운이 빠져서 앉고 눕는
데도 다른 사람의 손을 빌려야 했다. 그러나 친한 벗이 찾
아오면 기쁘게 웃으며 얘기를 나누고 어떤 때는 밤을 새기
도 하였다. 그래서 처음에는 병이 깊지 않고 그냥 피곤한
정도로만 보였다.
병이 심해지자 정승 박순(1523~1589년)이 약을 지어 보내

왔다. 임운은 '병이 이미 깊어서 약을 쓸 단계는 지났다. 그러나 대인이 베푸는 은혜이니 그냥 버릴 수는 없다'면서 억지로 삼키고는 돌아서서 곧장 토하였다.

이렇게 5월에 병에 걸려 앓다가 8월 1일에 세상을 떠났다. 이날 저녁 정신도 어지럽지 않고 말도 평소와 같았지만 급히 사람을 송대립에게 보내어 상례를 조치해 달라고 부탁하였다. 또 자리를 펴고 옷을 벌여놓고 목욕을 하고 손톱을 깎고 의복을 갖추어 입고 잠자리에 들어 돌아가셨다."

『금라전신록』을 편찬한 조임도는

『금라전신록』에 있지 않고 『간송집』에 들어 있는 기록이다. 이 책은 1744년에 후손들이 간행한 조임도의 시문집이다.

"조임도가 망모암에서 세상을 떠났다. 조임도는 술을 가져오라 해서 작은 잔으로 한 잔 마시고, 곁에 있는 사람들에게도 마시게 한 다음 '이제는 영원히 이별한다'고 하였다. 생질 이현의 손을 잡더니 '다시는 네 손을 잡고 싶어도 그럴 수 없겠구나'라고 하였다. 이현은 어릴 적부터 집에 데려와 키운데다 재주와 덕행이 있어서 원래부터 애지중지하였다. 이어서 '옛사람 가운데 죽을 때 편안히 웃었던 사람이 있었다'라고 하기에, 옆에 있던 사람들이 누가 그랬느냐고 물으니 '도연명(중국 송나라 때의 시인)이다'라고 하였다."

조임도 무덤(대산면 장암리 산60-21)

사람은 누구나 죽음이 두렵다

죽음을 두려워하지 않는 사람은 아무도 없다. 한 번도 겪어보지 않은 일이라 두렵고, 죽은 뒤의 세상을 알 수 없기에 더욱 두렵다. 죽음이라는 두려움을 떨치기에는 인간은 너무나 미약한 존재다. 그 래서 이렇게 죽음을 앞두고서도 의연했던 옛사람들의 모습을 보면 서 죽음에 대한 두려움을 떨치고 싶은지도 모르겠다.

성혼(1535~1598년)이 친구 조감을 위해 쓴 앞의 묘갈명에 이런 구절이 나온다. 마음에 깊이 새겨두고 되새길 만한 내용이다.

"죽고 사는 즈음에도 여유롭고 편안한 모습을 잃지 않았다. 인품이 높고 삶을 대하는 자세가 바르지 않으면 아무리 힘 쓰고 원한다고 해도 이럴 수는 없다."

"생성되면 모든 것이 또 소멸하는 것이 세상 만물의 이치이고 시작이 있으면 반드시 끝이 있는 것이 정해진 법칙이다. 하지만 다가오는 죽음을 두려워하지 않고 삶의 끝을 웃음으로 기꺼이 마무리하니 그의 성품은 참으로 침착하고 의연하며 낙천적인 것이었다."

11. 유머 뒤에 우뚝했던 기개

조종도(1537~1597년)는 임진왜란에서 왜적이 1597년에 다시 쳐들어오자 함양 황석산성에서 자제들과 함께 맞서 싸우다가 순절한 것으로 유명하다. 결연한 모습으로 최후를 맞았던 그를 두고 평소 유쾌하고 호탕한 성품의 소유자였음을 짐작하는 이는 그리 많지 않은 듯싶다. 그는 그야말로 유연하지만 심지가 굳은, 전형적인 외유내강의 인물이었다.

대소헌 조종도 전기와 대소헌 조종도 사적략 여표비

"조종도는 사람됨이 어디에도 구애받지 않았고 여럿이 함께 있을 때는 우스개를 잘하였으며 항상 많이 웃으면서 말했다. 과감하게 올바른 의논을 말하는 성품이었는데 그때도 해학적인 말을 섞어 표현하였다. 그래서 대소헌 또는 항소자라고 했는데 이는 크게 웃는 사람 또는 항상 웃는 사람이라는 뜻이다.

조종도 부부 쌍절각(군북면 원북리 350-1)

1589년 정여립 역모 사건이 일어났을 때 잘못 알려지는 바람에 끌려가서 국문과 고문을 받을 때는 이랬다. 친구들은 잡혀가면 반드시 죽을 것이라 여겼기에 눈물을 흘리며 전송했다. 하지만 정작 본인은 아무렇지도 않게 웃으면서 말을 하는 것이었다.

감옥에 갇혀서도 평소와 마찬가지로 장난을 치고 우스갯소리를 하며 지냈다. 옥중에서 사람들이 말하기를 '삶과 죽음의 갈림길에서도 어찌 이렇게 우스개를 서슴없이 해댈 수 있는가? 평소 마음자리가 안정되고 지키는 뜻이 굳세어야만 할 수 있는 일이다'라고 하였다.

1597년 왜적이 다시 쳐들어왔을 때는 조종도가 함양군수에서 물러난 직후였다. 이미 군수 직분이 아니었으므로 그냥 떠나도 무방했지만 백성들이 원하였기에 함양을 지키고 있었다. 그러면서 '나는 벼슬 품계가 높은 조상의 후예로서 비록 관직이 없어도 달아나 숨는 무리와 뒤섞여 풀섶에서 죽을 수는 없다. 죽음이 닥치면 마땅히 죽을 뿐이다'라고 하였다.

이웃 고을 안음현의 수령 곽준만이 새로 고친 황석산성으로 백성들을 거느리고 들어가 굳게 지키고 있었다. 그도 처자를 거느리고 산성에 들어가 곽준과 함께 왜적과 맞서 싸웠다. 어느 날 성이 무너져 적군이 들어오니 조종도는 곽준과 함께 순절하고 말았다."

여기에는 이런 내용도 적혀 있다.

"이처럼 밖으로는 지나치게 거침없는 것 같이 보였지만 마음으로는 지키는 바가 있어 만만하고 호락호락하게 남의 뒤를 따르지는 않았다."

"그의 심중은 쇠나 돌처럼 굳고 확실하여 어떤 처지에서도 흔들리지 않았다. 큰일을 처리하고 큰 의논을 결정하는 데에서는 마치 크나큰 강물을 기울여 놓은 듯이 거침이 없었다."

12. 소년급제는 위험하다

대사헌 이인형 유고

"1468년 문과에 장원급제했으며 시를 잘 써서 이름이 높았다. 벼슬은 대사헌에 이르렀고 청렴하고 대쪽 같다는 칭찬을 받았다. 병조정랑, 김산군수, 밀양부사를 지냈다."

이인형(1436~1503년)의 벼슬살이를 『조선왕조실록』에서 좀 더 살펴보면 이렇다. 세상을 떠나기 직전인 1502년까지 줄곧 이어지는데 우승지, 전라도 관찰사, 홍문관 응교, 사간원 사간, 종부 정, 사간원 대사간, 동부승지, 좌부승지, 한성부 좌윤 · 우윤 사헌부 대사헌 등을 역임했다. 재주가 빼어나서 그만큼 많은 쓰임을 받았던 것이다.

그렇지만 정작 본인은 그런 벼슬살이가 별로 탐탁지 않았던 모양이다. 『신증동국여지승람』 김산군 조에 이런 기록이 남아 있다.

> "이인형은 많은 선비 중에서 장원을 하고, 벼슬로 출세하는 길에 마음껏 날 수 있는 빛나는 소문이 날로 퍼지는데도 영전할 뜻을 끊고 부모님 봉양하기 편하도록 고을 수령을 자청해 맡았다."

출세를 하거나 높은 명예를 차지하는 데에 매이지 않았다는 말인데 이런 성품을 짐작하게 해주는 기록이 『한국민족문화대백과사전』에 있다.

> "어려서부터 재주가 뛰어나 15~16살에 문명이 널리 알려졌고 1455년에 20살로 진사시에 합격했지만 젊은 나이에 벼슬을 시작하면 성품이 교만해진다며 집에서 문을 닫고 공부하다가 1468년 33살 나이에 장원급제하였다."

빠른 출세와 패가망신

젊은 나이에 과거에 급제한다는 것은 크나큰 행운이라 할 수 있다. 남들보다 먼저 출세하면 더 많은 것을 누릴 수 있기 때문이다.

하지만 모든 것이 다 좋은 쪽으로만 흘러가지 않는 것이 세상 이치다. 특히 소년 출세가 그렇다. 숱한 실패의 경험을 바탕삼지 않으면 남의 입장을 헤아리지 못하고 자신을 지나치게 믿는 교만이 생길 수밖에 없다.

이런 사례는 어렵지 않게 찾아볼 수 있다. 우리가 잘 아는 이순신 장군은 과거 시험에 한 번 떨어졌다가 32살에 합격했다. 늦게 벼슬살이를 시작한 이순신 장군은 임진왜란에서 나라를 구한 영웅으로 우뚝 섰다. 반면 22살에 단번에 과거 합격한 신립은 임진왜란 첫해 문경 새재 험준한 고개를 지켜야 한다는 참모의 말을 무시하고 평지를 결전장으로 택했다. 그의 잘못된 판단 탓에 조선 군대는 탄금대 전투에서 패전했고 본인도 목숨을 잃었다.

이인형은 20살에 진사시에 합격을 하고도 13년을 기다렸다. 보통 사람들은 쉽게 실행에 옮길 수 없는 선택이었다. 13년의 세월은 그의 삶 전체를 보자면 장원급제 이상의 의미가 담겨 있다. 그것은 타고난 자질을 더욱 돋보이도록 만드는 인내의 시간이었다.

13. 서울 조정에서 사투리를 썼다

오졸자 박한주 여표문

"박한주(1459~1504년)는 1483년 사마 양시에 합격하고, 1485년 문과에 갑과로 급제했다. 1491년에 사간원 정언에 임명되었는데 임금에게 쓴소리와 바른 소리를 일삼아 아뢰는 자리였다. 박한주는 성종 임금이 자신을 알아주는 은혜를 입었다고 여겨서 자신이 알고 있는 것은 지식이든 사실이든 소신이든 숨기지 않고 모두 아뢰었다.

일찍이 임금에게 경전을 가르치는 자리에 들어갔는데 성종이 말하기를 '사투리 쓰는 정언이 왔구나'라고 하였다. 이는 박한주가 사투리를 꺼리지 않고 충성스럽고 곧은 말을 많이 해서 정성스러운 뜻이 드러나고 사람을 감동시키는 것을 가상히 여겼기 때문이었다."

요즘 텔레비전을 보면 거의 서울말을 쓰고 있다. 간혹 드라마나 예능에서 사투리를 쓰기도 하는데 대부분 특정한 의도가 바탕에 깔려 있는 경우가 많다. 이미지를 부각시키거나 재미있게 하려고 사용하지만 주인공 또는 비중 있거나 중요한 배역이 사투리를 쓰는 경우는 찾아보기 어렵다.

사투리를 대하는 이런 시선에는 지역은 물론 사람에 대한 무시와 차별이 깔려 있다. 그래서 서울에 '입성'을 하게 되면 가장 먼저 바꾸려고 애쓰는 것이 사투리다. 서울 사람으로 살아가는 데에는 사투리가 핸디캡이 된다는 것을 알고 있기 때문이다.

사투리를 지금보다 차별했던 조선시대

그런데 사투리를 쓰는 지역 출신 인물에 대한 잘못된 편견이 지금보다 옛날이 훨씬 심했다고 하면 뜻밖이라고 여기는 사람도 있을 것 같다. 조선시대에 그런 차별과 무시를 당연한 것으로 여겼다는 내용이 기록에 나온다.

『승정원일기』 1738년 7월 21일자에 영조 임금이 한 말이 적혀 있다.

"오직 재주만 보고 등용해야 인재를 얻을 수 있는 것은 맞다. 그런데 근래에 먼 지방 사람을 한 번 등용하였더니 사람들이 떠들썩하게 들고일어나 '시골 사투리를 많이 쓴다'면서 기어이 배척하여 떠나게 하였다. 사람을 등용하는 것이 이렇게 어렵다."

1740년 8월 5일자에 실려 있는 군신간의 대화에서도 이런 사정을 짐작할 수 있다. 영의정 김재로가 "사헌부 장령 박수는 사람됨이 흐리멍덩하고 시골 사투리를 쓰는 사람 같았습니다"라고 아뢴 데 대해 영조 임금은 "사람은 실로 알기 어려우니 겉만 보고 소인배라고 지목하는 것은 옳지 않다"고 바로잡은 것이다.

신분이 구분되었던 시대에 이처럼 사투리로 또 다른 차별을 했다는 것이 지금 사람들에게는 조금은 낯설게 다가온다. 박한주의 생각처럼 말하는 내용이 올바르기만 하다면 사투리를 쓰든지 말든지는 중요하지 않다. 이 평범한 이야기가 훌륭해 보이는 것은 그만큼 사람들이 온갖 편견에 사로잡혀 살아가고 있기 때문은 아닐까 싶다.

14. 소귀에 경 읽기를 한 까닭은

박한주는 두 임금 아래에서 벼슬살이를 했다. 앞서 섬겼던 성종은 신하들의 얘기에 귀를 기울이고 옳은 소리는 채택하여 가려들을 줄 아는 성군이었다. 그러나 뒤이어 왕위에 오른 연산군은 안하무인 그 자체의 인물이었다. 신하들이 뭐라 하든 하고 싶은대로 했으며 신하들의 말을 듣는 것 자체를 싫어했으니 박한주의 꽃길은 이제 끝났고 남은 것은 험난한 가시밭길뿐이었다.

오졸자 박한주 사적

"연산군 시절에 헌납으로 있으며 올린 상소문에서 '태조 임

박한주 여표비각(가야읍 고분길 286)

금의 사당과 여러 왕릉, 공자 사당에 오래도록 제사 지내지
않으셨습니다. 그런데 잔치를 베풀거나 잔치를 내리는 것은
한 번도 멈추지 않고 그만두지 않으셨습니다. 인정전 앞에서
노래 부르고 취한 채 춤을 추시니 신하들이 매우 거북합니
다'라고 했다.

하루는 잔치를 벌이고 노는 일을 바로잡으려고 '선왕의 사
당과 여러 왕릉에는 한 번도 제사 지내지 않으셨으면서도
용봉장막을 펼치고 엄청나게 큰 잔치를 베풀고 어떤 때는
며칠 동안 거두지 않고 방자하게 노셨습니다. 이를 어찌 효
심이라 하겠습니까?'라고 말씀을 올렸다.

연산군이 갑자기 낯빛이 바뀌면서 '용봉장막이 너의 장막이
냐?'라고 물어서 다시 나아가 아뢰기를 '이는 모두 백성들의
힘으로 말미암아 나온 것이니 신민들의 장막이라 해도 될

것입니다'라고 했더니 연산군은 입을 열지 못했다."

『연산군일기』에도 1497년 3월 9일자에 비슷한 얘기가 나온다.

"헌납 박한주가 '전번 홍문관에서 경연에 납시기를 청할 때, 눈병 때문에 못한다고 대답하셨습니다. 궁중 잔치는 눈병으로 사양하지 않으시고, 왜 경연에만 납시지 않습니까?'라고 아뢰었다. 이에 연산군은 '아무리 잔치에 나가지만 눈으로 먹느냐'라고 답했다."

앞뒤가 맞지도 않은 이 황당무계한 답변을 보면 연산군이 얼마나 박한주를 미워하고 싫어했을지가 읽힌다. 『금라전신록』에 실려 있는 '사간원 계초'에도 이런 밉고 싫은 생각이 고스란히 나타나 있다.

"그날 임금이 먹을거리와 큰사슴 가죽을 신하들에게 내려주었는데 그 말미에 쓰기를 '박모에게는 주지 말라'고 하였다."

옳은 소리 멈추지 않은 이유는

박한주의 쓴소리는 연산군에게 그야말로 '소귀에 경 읽기'였다. 잘못하면 심각한 처벌을 받을 수도 있음에도 주저하는 기색도 없이 쓴소리를 이어갔던 까닭이 궁금해진다. 자신의 노력으로 연산군이 바뀔 수 있다는 기대만으로 할 수 있는 것은 아니었다. 그것은 정언·헌납 등 사간원 관원(간관)이라면 반드시 해야 하는 직분이라는 소신이 있었기에 가능한 것이었다.

1497년 3월 13일자 『연산군일기』를 보면 이런 생각을 정확히 밝혀놓은 박한주 본인의 발언이 적혀 있다.

> "잘못을 바로잡도록 옳은 말씀을 아뢰어야 하는 간관은 임금과 시비를 다투는 역할입니다. 임금이 허물이 있으면 적극 아뢰어 중지시켜서 바른 데로 돌아가게 해야 하고, 잘못된 일이 있으면 임금의 노여움을 사더라도 기어이 허락받을 때까지 말해야 하는 운명입니다."

주어진 직분을 다하기 위하여 직언을 서슴지 않는다는 것은 쉬운 일이 아니다. 본심을 숨기며 때로는 아부와 아첨으로 자신을 보호하면서 살아가기도 한다. 무모해 보이리만치 우직하게 자신의 자리에서 최선을 다하는 박한주를 통해 우리의 모습을 한 번쯤 돌아보게 된다.

이전 무덤(법수면 황사리 산10-1)

15. 착한 사람은 자기보다 어려도 공경했다

이전 처사 사적

"한 조각이라도 선행을 들을 때는 비록 그 자손과 같이 얘기하
더라도 반드시 무릎을 꿇고 두 손을 모아서 공경을 다했다."

사람이 사람을 대하는 마음은 모든 것을 떠나 오로지 그 사람 자
체의 생각과 행실에 따라 가질 수 있으면 가장 좋을 것이다. 하지만
이런 정도는 인간이 행할 수 있는 가장 높은 경지라고 할 수 있다.
보통 사람들은 부와 명예, 직위, 배움, 용모 등 대부분 밖으로 드러

나는 것에 기준을 두고 판단을 하기 때문이다.

　사람을 평가하는 수많은 기준 가운데 가장 옹졸한 것은 나이가 아닐까 싶다. 세상을 살아낸 경력만으로 어린 사람을 함부로 하대하는 것은 어리석은 꼰대질이다. 어린 나이에 행실이 뛰어난 것도 훌륭하지만 그것을 공경할 줄 아는 인품이야말로 존경받아 마땅하다.

—— 2장 ——

느낌과 생각

느낌과 생각

1. 비둘기 시

동생 집의 불쌍한 비둘기

암컷은 새끼를 사랑하고 수컷은 암컷을 사랑하여

'구구' 하는 것이 주인의 사랑에 보답하는 듯하구나

하루아침에 잇달아 고양이 입에 들어갔네

새장을 소홀히 했으니 누구의 잘못인가

고양이를 탓하겠나 비둘기를 탓하겠나

단속 제대로 못한 스스로를 탓해야지.

반려동물을 가족의 일원으로 여기는 것은 이제 특별한 일이 아
니다. 그런데 사람이 동물에게 마음을 주는 것은 옛날에도 마찬가

지였던 모양이다. 둥지를 만들어주고 애지중지 기르던 비둘기가 고양이 먹이가 된 후 느꼈던 안타까움이 잘 드러난 시다.

어변갑이 쓴 이 시에서 '구구 하는 것이 주인의 사랑에 보답하는 듯하구나'라는 대목을 보면 비둘기를 기르면서 누리는 즐거움이 고스란히 느껴진다. 지금은 집에서 기르는 일이 드문 비둘기가 반려동물이었다는 것도 재미있다.

조선 후기 실학자 유득공(1749~?)이 쓴 『고운당필기』를 보면 "서울에는 비둘기를 기르는 풍속이 있다"고 되어 있다. 그러면서 귀하게 여기는 여덟 가지를 적어 놓았다. 온몸이 흰 것, 몸은 희고 꼬리는 검으며 머리 위에 검은 점이 있는 것, 몸은 붉고 꼬리가 흰 것,

몸은 희고 머리와 목이 검은 것, 몸은 희고 머리와 목이 자줏빛인 것, 몸은 희고 목은 붉은데 깃 끝에 붉은 점이 있는 것, 몸은 검고 꼬리가 흰 것, 깃 끝에 금빛 점이 있는 것 등이다.

2. 달팽이 시

달팽이를 읊다

집이 있지만 언제나 지고 다니고

뿔이 있지만 찌를 수 없구나

그늘을 만나면 스스로 나오고

햇볕을 만나면 스스로 움츠리네.

세밀한 관찰과 정확한 묘사가 놀라운 시다. 조종도가 여덟 살 때 지은 시라고 하니 정말 대단하다. 앞부분에서는 달팽이의 모습을 관찰하고 그 다음은 달팽이의 속성을 자세히 살펴 적었다.

어쩌면 여덟 살이기에 가능한 시가 아니었다 싶다. 오히려 나이가 들수록 대충 흘려보고 보고 싶은대로 보는 편견을 가지기 쉽다. 아버지 조언은 이 시를 보고 아들을 무척 기특하게 여겼다고 한다. 자신이 보지 못하는 것을 보는 어린 아들이 크게 마음에 들었을 것이다.

3. 낙방의 씁쓸함

낙방을 하고 나서

눈 온 뒤 푸른 솔과 서리 맞은 대나무
볼 때는 쉬워도 그릴 때는 어려워
시인의 눈에 띄지 않을 줄 알았다면
차라리 연지 사다 모란이나 그릴 것을.

이 시를 지은 이의형(1442~1495년)은 1465년 예비시험격인 회시에 합격하고 1477년에 본시험인 전시에 합격하면서 벼슬을 하는 최종 관문을 통과했다. 그렇다면 이 시는 언제 지어졌을까?

이의형은 회시 합격 직후부터 능력을 인정받아 임금을 모시고 있었다. 『세조실록』 1466년 5월 1일자에 "임금이 사정전에서 생원 이의형에게 『오자병법』을 읽혔는데 그 내용을 능통하게 알고 있어서 특별히 군직을 주고 선전관도 겸하게 하였다"고 되어 있다. 이듬해 7월 27일자에는 "장수의 재질이 있는 이의형 등 30명을 뽑아서 『손자병법』을 읽고 공부하도록 했다"고도 되어 있다.

이로 미루어 시를 쓴 시점은 1465년 이전의 어느 때로 짐작된다. 1466년 이후에는 최종 합격한 신분은 아니지만 벼슬살이를 하고 있었으니 낙방을 했더라도 이렇게까지 쓴맛을 다시지는 않았을 것 같다.

이 시는 낙방거사의 괴롭고 씁쓸한 감정을 표현하고 있다. 겨울에도 푸르름을 잃지 않는 소나무와 대나무는 굳고 곧은 절개를 나타낸다. 이와 같은 자신의 포부를 과거에서 답안으로 제출했지만 임금의 눈에 들지 못했다.

반면 화려하고 풍성한 모란은 예로부터 부귀영화를 상징했다. 요즘으로 말하자면 '어려운 공무원 시험 때려치우고 돈이나 한 번 잔뜩 벌어볼까' 하는 심정이 읽힌다. 송죽과 모란의 대조가 이렇듯 선명하다.

그나저나 임금으로부터 문무겸전의 재능을 인정받은 이의형의 관직 생활은 탄탄대로였을까? 그는 사헌부 지평·장령, 종부 첨정, 초계 현감, 남원군수 등의 벼슬을 맡았다. 그런데 거기까지가 한계였다.

왜 그랬을까? 『금라전신록』에 실려 있는 '사헌부 장령 이의형 묘갈명'을 보면 타고나기를 윗사람에게 잘 보이려고 애쓰는 성품이 아니었다. 그러다 보니 승진길이 막혀서 마지막에 남원군수를 하다가 병에 걸려 세상을 떠났다고 기록에 남아 있다.

애를 쓴 만큼 반드시 결과가 좋은 것은 아니다. 덜 노력해도 많은 것을 얻는 사람도 있고 노력에 비해 결과가 턱없이 실망스러운 경우도 허다하다. 어쩌면 후자 쪽이 훨씬 많을지도 모른다. 그래서 운칠기삼이라는 말도 있다. 결과가 노력에 비례하지 않기 때문에 적당한 기대와 희망을 버리지 않을 수 있어서 삶은 살아 볼만한 것인지도 모를 일이다.

4. 아들의 출세가 기쁜 까닭

과거장에 있는 아들 효첨 생각

지난날 과거 급제하던 때를 생각하니
시문이 봄날이었는데 이젠 네가 낫구나
시운이 따라주고 더욱 힘을 기울이면
한 집안에 두 장원을 볼 수도 있으리.

아버지 어변갑은 일찍이 장원급제를 한 적이 있다. 그런데 외동아들 어효첨(1405~1475년)이 자신보다 총명해 대견하다. 정진하여 제대로 답안을 작성하고 운이 따라주면 아들도 자기처럼 장원을 할 수 있지 않을까 하는 기대감을 적은 시다.

효첨이 급제했다는 소식을 들은 소감

기쁜 소식이 서울에서 들려오니

효첨이 새로 급제했다 하누나

보잘것없는 집안의 외아들이

임금 앞에서 치른 시험 합격자 서른셋

가업을 잇는 보람 어찌 다 말하랴

오로지 조상이 어진 덕분일세

놀라워라 마치 꿈속 일인 듯

눈물 훔치고 하늘에 감사하네.

어효첨은 이처럼 1429년 전시에 합격하여 벼슬에 올랐다. 아버지처럼 장원은 못 했지만 최종 합격 33명에 이름을 올렸다. 이 소식을 들은 아버지가 대를 이어 벼슬을 하는(가업을 잇는) 보람을 얻게 해준 조상과 임금의 공덕에 고마워하는 마음도 담겨 있다.

세상이 많이 변했다고 하지만 요즘도 진급을 하거나 괜찮은 직장을 구하게 되면 도롯가에 이를 축하하는 플래카드가 주렁주렁 매달려 있는 것을 보게 된다. 하물며 벼슬길을 가문과 집안의 영광으로 삼았던 옛날에야 그 기쁨이 어떠했을까 충분히 짐작이 되고도 남는다.

홍여방 감사를 청하여 맞아들임

한미한 집안에서 힘들게 지킨 청빈

아들 하나 낳아서 보배처럼 여겼네

아비 이어 등과하여 옛 가업 빛나고

부모에게 영광스러운 잔치를 내리시니 성은이 새로워라

기쁜 마음 끝없으니 누구에게 말을 할까?

반갑게 서로 만나 털어놓을까 생각했네.

옛날에는 과거에 합격하면 그 부모에게 임금이 잔치를 베풀어 주었다. 이를 영친연(榮親宴)이라 했는데 풀어보면 아들 덕분에 영광스러워진(榮) 부모(親)를 위한 잔치(宴)라는 뜻이다. 시를 보면 기쁜 마음이 넘실거리고 자랑하고픈 심정이 그대로 드러나 있다.

어변갑은 잔치에 누구를 초청할까 생각을 하다 마침 함안 근처 진주에 경상도 관찰사로 와 있는 홍여방(?~1438년)을 떠올리게 된다. 자기보다 7년 앞서 1401년부터 관직 생활을 시작한 선배인데다 함안읍성 청범루에서 어울려 논 적도 있었던 사이였다.

아들이 한림에 올랐다는 편지를 받고

과거에 급제하여 제 뜻을 펼치고

임금 가까이서 모시니 다시 또 빼어나네

벽상에 늘어선 선배들 가장 부러웠네

그때 묵은 내 한을 이제 풀어주네.

자식이 잘 되기를 바라는 것은 자식을 위해서이기도 하지만 부모 자신을 위하는 것이기도 하다는 말이 있다. 본인이 생전에 이루지 못한 것을 자식이 대신 성취하게 되면 그것을 바라보는 보람이 그에 못지않기 때문이다. 어변갑이 바로 그랬다.

어변갑은 본인이 비록 장원급제는 했지만 홍문관·예문관·교서관의 으뜸 벼슬은 해보지 못한 한스러운 마음을 이 시에 담고 있다. '벽상에 늘어선 선배들 가장 부러웠네' 하는 대목에서 아쉬운 마음이 한층 느껴진다.

그렇다 보니 아들이 '한림'에 임명된 것이 한없이 기뻤던 것이다. 한림은 '예문관'의 정7품 봉교 2명과 정8품 대교 2명, 그리고 정9품 검열 4명 등 여덟 사람을 통틀어 일컫는 것으로 직급은 낮았지만 하는 일은 예사롭지 않았다.

임금의 어명을 문서로 작성하는 것과 역사를 기록하는 막중한 임무이다 보니 의정부가 직접 주관하는 역사 경전 시험에 합격해야만 임명될 수 있었다. 그래서 문관이라면 언젠가 한 번은 하고 싶어 했던 선망의 대상이었다.

어효첨은 과거 합격한 이듬해인 1430년에 검열에 뽑혔고 한 해 뒤인 1431년에는 대교로 승진을 했다.

그냥 읊다

부모님 늙으니 생각마다 근심이요
임금님 높이 계셔 바라보니 눈이 시리다
벼슬 그만둔 지 아홉 해 흘러
자식이 족히 부모를 기쁘게 하네.

옛날 양반들에게 임금과 부모와 자식은 삶의 전부라고 해도 과언이 아니었다. 그런 마음이 모조리 담겨 있는 시다. 어변갑은 1426년 벼슬에서 물러났다. 그로부터 9년이 흐른 1435년 어변갑은 또다시 자식 덕분에 기쁨을 맛보게 되었다.

『세종실록』 1435년 6월 8일자를 보면 세종대왕이 경회루에서 중국 역사서 『자치통감강목』을 교정하고 해설과 주석을 새롭게 다는 작업에 참여한 신하들에게 잔치를 베푼 기록이 나온다. 총책임자인 예문관 대제학부터 말단까지 50명 남짓이 참여했는데 어효첨도 세자좌문학(정5품)으로 들어 있었던 것이다.

게다가 어효첨은 같은 해 3월 22일에 진주까지 와서 수소문한 끝에 그 관련 자료인 『자치통감음주』 192~260권을 찾아 임금에게 바치는 성과를 올리기도 했다. 이는 특별히 임금의 어명을 받고 수행했던 터라서 아버지의 기쁨은 더욱 컸을 것이다.

5. 늙음을 노래함

성 의령에게 차운함

나 태어나 태평성대 만났지만

한 가지도 못 이루고 온갖 감회 새롭네

소매 가득 푸른 뱀은 먼지로도 못 감추고

비녀 겨운 성근 머리 눈이 설핏 내렸네

주머니 속에 쓸 만한 물건은 있지만

술동이 앞 좋은 사람 아직 못 대했네

토끼 달리고 까마귀 날아 세월이 또 변하니

푸른 버들 꾀꼬리는 봄날을 노래하네.

조려가 늘그막에 지은 시다. 전체적인 내용은 태평성대를 맞았
지만 좋은 사람을 만나지 못한 채 속절없이 늙어가고 있다는 내용
이다. 그런데 늙음을 은유적으로 표현한 대목이 재미있다.

'소매 가득 푸른 뱀은 먼지로도 못 감추고'에서 먼지가 무슨 뜻인
지 고개를 갸웃거릴지도 모르겠다. 요즘은 아스팔트나 시멘트를 뒤
집어써서 흙을 접하는 일이 드물지만 옛날에는 사방천지가 흙먼지
로 가득했다.

조려 무덤(법수면 강주리 산53)

팔뚝을 뒤덮은 흙먼지 아래로 내비치는 굵은 핏줄을 푸른 뱀에 비유했다. 그 표현이 산뜻해서 마찬가지 늙음을 나타낸 '비녀 겨운 성근 머리 눈이 설핏 내렸네'가 상투적으로 느껴질 정도다.

'쓸 만한 물건'은 돈을 가리키는 것으로 이를 아래 시구와 합해서 보면 돈이 없어서 좋은 사람을 못 만난 것이 아니고 술을 장만할 돈은 있지만 좋은 사람이 없어서 만나지 못했다는 얘기다.

'토끼'와 '까마귀'는 제각각 달과 태양을 가리킨다. 옛날 사람들은 달 표면의 검은 반점을 옥토끼라 했고 태양의 흑점을 발이 셋 달린 금빛 까마귀라고 상상했다. 세월의 흐름을 토끼가 달리고 까마귀가 난다고 비유한 것이 독특하다. 늙음을 아쉬워하면서도 세월 속에 변하고 떠나고 새롭게 찾아오는 자연의 이치를 담담하게 받아들이고 있다.

6. 자식을 잃은 슬픔

사물을 보고 죽은 이를 애도함

뜰 앞에 세 그루 매화나무

올해도 한 차례 꽃이 피누나

세상 물색은 예전과 똑같은데

사람은 어찌하여 한 번 가면 못 오나.

이 시를 지은 이희필에게는 성훈이라는 외아들이 있었는데 아버지보다 먼저 죽는 불효를 저지르고 말았다. 세상에서 가장 큰 슬픔은 자식을 잃는 슬픔이고 가장 큰 불효는 부모보다 앞서 세상을 떠나는 일이라고 한다.

자식을 가슴에 묻은 아버지가 뜰 앞에 핀 매화를 보고 먼저 떠난 자식을 애달파하는 마음이 절절하게 묻어난다. 봄이면 지난 해 졌던 꽃이지만 어김없이 다시 돌아와 피어나는데 어찌하여 한번 떠난 사람은 다시 돌아올 수 없는가! 아마도 아버지의 눈가에는 이슬이 맺혀 있었을 것이다.

7. 난리통에 고향 생각

안덕에 머물며 봉성의 집을 생각하다

우물쭈물 돌아갈 날 늦어만 가고
집을 생각하니 꿈조차 못 이뤄
창 너머 가을밤 비는 오는데
공연히 애끓는 소리만 짓는다.

이 시를 지은 조식(1549~1607년)은 모두 6형제였다. 맏형 조우와 셋째 조역은 행적에 관한 기록이 없고 둘째 조지(1541~1599년)는 일찌감치 1562년에 안덕현(경북 청송군 안덕면 일대)에 사는 화

산 권씨 집안에 장가들어 떠나는 바람에 함안에 없었다.

　1592년 임진왜란이 일어나 왜적이 물밀듯이 쳐들어오자 사람들은 맞서 싸우기도 해야 했고 피란해 숨기도 해야 했다. 그런데 피란이든 참전이든 이런 의사 결정을 당시에는 개인의 선택이 아니라 집안 차원에서 내렸다.

　피란과 참전은 둘 다 필요한 일이었다. 모두 참전했다가 전부 전사를 하게 되면 집안의 대가 끊어지기 때문이다. 집안 식구 가운데는 여자와 어린아이와 노인도 있기 마련인데 이들도 보호해야 했다.

넷째인 조식은 집안 식구들을 이끌고 피란을 떠났으며 다섯째 조탄(1551~1612년)과 여섯째 조방(1557~1638년)은 의병 활동에 적극 참여했다. 이는 형제들 사이에서 이뤄진 합리적인 역할 분담이었다.

함안을 떠난 조식은 1603년까지 12년 동안 합천·청송·안덕·영천·봉화·안동·의성·인동 일대를 떠돌며 살았다. 이 시는 임진왜란이 끝난 이듬해인 1599년 가을에 지어졌는데 고향에 하루라도 빨리 돌아가고 싶지만 가지 못하는 애타는 심정이 나타나 있다. 안덕은 둘째형 조지가 장가들어 살고 있는 고을이고 봉성은 함안읍성의 다른 이름이다.

전쟁에 직접 나서는 사람이 훨씬 더 위험하고 고통스럽다고 여겨질 수 있겠지만, 피란을 떠나 이곳저곳을 떠돌며 살아야 하는 사람들이 견뎌야 하는 괴로움과 고달픔 역시 만만찮았음을 이 시를 통해 엿볼 수 있다.

꿈에 검계에 갔다

오늘 밤에 고향 집을 꿈에서 보고
쓸쓸히 한스러움 이기지 못하겠네
담 모퉁이 매화에는 눈이 내렸고
바위 끝 폭포는 얼어붙고 말았네.

1600년 경북 의성에 있으면서 지은 시다. 검계는 임진왜란 이전에 살던 함안 검암마을의 작은 개천을 가리킨다. 꿈속에서라도 보앉으니 다행이다 싶지만 눈에 담기는 고향 풍경이 아주 차갑다. 눈 맞은 매화꽃에 얼어붙은 폭포수다. 갈 수 없는 그리운 고향이 가슴까지 시리게 하는 사무침이 느껴진다.

전란을 겪고 처음 검계로 돌아와서

늙은이 책도 칼도 풍진에 망가지고

낯선 땅 떠돌면서 몇 해를 보냈던가

살림 솜씨 모자라서 배조차 못 채웠고

재주는 모자라서 벼슬을 못 맡았네

고향에 왔으나 늙어가는 세월이 아쉽고

옛것을 찾아봐도 다 달라져 안타깝네

변함없는 바람과 달을 벗 삼아

남은 세월 한가로이 심성을 기르리라.

1603년 고향으로 돌아와서 지은 시에서는 피란 다니던 10년 세월에 늙고 시들어 버린 데 대한 한스러움을 담고 있다. 돌아와서 보는 고향 풍경은 사라진 옛적 모습에 스산하지만 그래도 자신을 다독여주는 변함없는 것들이 곁에 있어 위로를 얻는다는 내용이다.

아버지는 이렇게 늙었지만 그 외아들 조임도는 11년 전 아버지 손에 이끌려 피란을 떠날 때는 8살짜리 꼬맹이였는데, 전란이 끝나고는 19살 헌칠한 장부가 되어 아버지를 모시고 돌아왔다.

조식 무덤(대산면 장암리 산60-21)

그의 문집 『간송집』을 보면 아버지 조식이 지은 이 시와 제목이 같은 시가 한 편 실려 있다. 어쩌면 아버지와 아들이 같은 주제를 가지고 같은 날 한 자리에서 나란히 지었을 수도 있을 것 같다.

십 년 동안 떠나 있던 물 맑은 낙동강가

검계의 풍광은 돌보는 이 없었지

이제야 어릴 적 놀던 곳에 돌아오니

늙지 않은 푸른 산이 눈앞에 새롭네

고향이 예전에 변화했다 그 누가 말하는가

높다란 나무 찾아보니 감개가 무량하네

다만 산수는 옛 모습 그대로인데

찬바람에 비 날리고 석양이 기우네.

8살 때 담아두었던 고향의 모습을 19살이 되어서 다시 보는 소감이 무척 어른스럽다. 나무는 훨씬 커졌을 것이고 푸른 산은 새롭게 느껴질 법도 하다. 그럼에도 어쩐지 젊은 아들의 시에서 늙은 아버지의 시보다 오히려 더 쓸쓸한 분위기가 느껴지는 것은 왜일까. 아마도 '찬바람에 비 날리고 석양이 기우네'라는 마지막 구절 때문이 아닌가 싶다.

시냇가 정자에서 심회를 읊음

이 몸이 한가로이 시냇가 정자에 누웠으니

구구한 세상 명리 우스워서 죽겠네

낚싯대 즐겨 잡고 물가에 일찍 와서

술동이 볼 때마다 가볍게 잔을 드네

삽작 둘레 성근 대는 포기마다 푸르고

바위 아래 긴 물줄기 굽이굽이 맑구나

마음에 물욕 없어 정신이 절로 상쾌하고

그 위에 뜬 초승달은 창에 비쳐 밝구나.

『금라전신록』에는 마치 비교라도 해보라는 듯이 임진왜란 이전 고향 마을의 정경을 읊은 시편도 실려 있다. 전란 이후에 쓴 시들을 전란 이전에 쓴 이 시와 비교하면 자연조차 어두운 감정을 머금고 있음이 느껴진다. 반면 전란 이전의 시에서는 분위기가 훨씬 여유롭고 한가하다. 또 한 가지 다른 점은 이전의 시는 자연의 모습을 있는 그대로 그리고 있다면 이후의 시에는 자연을 바라보는 시선에 감정이 많이 묻어 있음을 알 수 있다.

8. 가야의 후예라는 뚜렷한 인식

『금라전신록』을 보면 당시 사람들이 함안을 두고 아라가야의
옛 땅이라고 뚜렷하게 인식하고 있었음을 알려주는 대목이 여러
곳에서 등장한다.

『금라전신록』 서문

"옛날 다섯 가야 나라가 있었는데, 우리 함안군이 그중에
하나로 금라는 바로 함안군의 옛적 이름이다."

함안 향사당 기문

"우리 군은 아시량국의 유허지이다."

향안을 중수하는 서문

"우리 군은 옛 오가야의 하나이다."

뿌리에 대한 인식은 긍지와 자부심을 가지게 하여 지역민으로
서 일체감을 형성하는 요인이 되고 미래를 향해 나아가는 원동력이
되기도 한다. 그래서인지 지금도 함안 사람들은 아라가야 대한 자
부심이 상당하다.

언제나 선두권이었던 아라가야

아라가야는 600년에 걸친 전체 가야 역사에서 언제나 선두권을 유지했던 강성한 힘을 가진 나라였다. 서기 400년까지 전기에서는 김해 가락국이 1등이었고 아라가야가 2등이었다. 이후 560년대까지 후기에서는 경북 고령의 대가야로 1등이 바뀌었을 때도 아라가야는 전기와 마찬가지로 2등 위치를 줄곧 차지하고 있었다.

2등이라는 데에 대한 체감은 사람마다 다를 수 있지만 600년이라는 긴 세월 동안 한결같이 넘버투 자리를 지킬 수 있었다는 것은 대단한 일이 아닐 수 없다. 최소한 6개 이상으로 가야 세력이 나뉘어 있던 상황에서 균형추 역할도 수행했다. 이는 낙동강과 남강의 물길을 갖고 있으면서 마산만과 진동만을 해양 교역을 위한 교두보로 확보한 덕분에 가능했다.

유네스코 세계유산 말이산고분군

게다가 후기의 1등이었던 대가야가 힘을 잃었던 시기에는 그를 대신하여 국제회의까지 소집했던 것도 아라가야였다. 신라가 가져간 가야의 영토를 원래대로 돌리는 것을 주제로 529년에 고당회의를 열고 백제·신라에 왜의 사신까지 불러 모을 수 있었던 힘을 아라가야가 보유하고 있었던 것이다.

전국 최대 규모를 자랑하는 말이산고분군의 압도적인 모습은 아라가야의 이같은 위상을 상징한다. 거기에다 말갑옷과 용봉무늬 금동관, 다양한 모습의 미늘쇠와 금동장식 고리자루큰칼 등 함안박물관을 가득 채운 풍부한 유물은 함안의 자랑거리가 아닐 수 없다.

가야고분군의 유네스코 세계유산 등재

2023년 9월 25일 가야고분군이 유네스코 세계유산으로 등재되었다. 이번에 등재된 가야고분군은 모두 일곱 군데다. 함안 말이산고분군을 비롯하여 김해 대성동고분군·창녕 교동과 송현동고분군·합천 옥전고분군·고성 송학동고분군은 경남에 있다. 여기에 경북 고령 지산동고분군과 전북 남원 유곡리와 두락리 고분군이 추가되었다.

이들 고분군은 심사 과정에서 "주변국과 공존하면서 자율적이고 수평적인 독특한 체계를 유지해 온 '가야'를 잘 보여주며 동아시아 고대 문명의 다양성을 나타내는 중요한 증거"라는 좋은 평가를 받았다.

유네스코 세계유산은 규모나 아름다움만으로는 등재될 수 없

말이산 제45호분에서 출토된 독특한 문양의 봉황 장식 금동관

아라가야를 상징하는 불꽃무늬가 새겨진 토기들

다. 해당 국가뿐만 아니라 세계 인류 전체를 위하여 보호할 만한 보편적 가치를 인정받아야 가능하다. 이번 등재로 가야 고분군은 세계적인 고대 유산으로 거듭나게 되었으며 가야 역사 또한 세계사의 당당한 일원으로 자리 잡을 수 있게 되었다.

세계유산 등재는 지역 발전의 새로운 발판

세계유산 등재를 계기로 함안 역시 새로운 전환점을 맞게 될 것으로 전망된다. 『금라전신록』의 여러 기록에서 보는 것처럼, 오랜 옛날부터 아라가야의 후예라는 정체성을 뚜렷하게 인식해 온 함안 사람들에게 반가운 소식이 아닐 수 없다.

앞으로 세계 각국에서 가야고분군을 찾는 관광객과 탐방객 그리고 연구자들의 발길이 줄을 이을 것으로 예상된다. 역사 현장이 좋은 관광 자원이 되는 현실에서 보자면 늘어나는 사람들을 맞이하기 위한 다방면의 노력이 함안의 발전에 긍정적인 영향을 미칠 것은 당연한 일이다.

9. 황은이 맞는 걸까?

도적이 물러갔다는 말을 듣고 시를 지어 아우에게 보임

황제의 군대 백만이 우리 동방 지켜주니

양호 동일원 마귀 유정이 모두 세상 영웅들이네

깃발이 구름을 떨치니 구름이 흩어지고

뱃머리 바다에 잇따르니 파도가 다했네

석 잔 칼춤에 흉악한 왜적의 혼이 떨어지고

하룻저녁 까마귀 소리에 흉적 군막 비었구나

망극한 황은을 누가 다 보답할까

신민이 감격하여 눈물로 만세로다.

왜적과 싸우다 전사한 동생 이령

1598년 왜적이 물러났다는 얘기를 듣고 지은 황곡 이칭 (1535~1600년)의 시다. 1587년 『함주지』 편찬에 참여했는데 당시 군수 한강 정구(1543~1625년)로부터 관대하고 점잖은 어른이라는 평판을 얻은 인물이다. 임진왜란을 맞아 이리저리 떠돌아다니다가 전란이 그치자 고향 마을 검암으로 돌아와 제자들을 모아 가르치다 세상을 떠났다.

그에게는 세 동생이 있었다. 이 가운데 셋째 이령(1541~1592년)은 1592년 4월 임진왜란이 일어나자 김해성으로 달려가 전투에 나섰다. 맡고 있던 직책은 없었기에 꼭 참전해야 하는 것은 아니었지만 왜적을 맞아 싸우다 전사하고 말았다.

왜적들이 중과부적으로 밀려드는 등 상황이 급박해지자 그는 데리고 간 아들들을 집으로 돌려보냈다. 이때 죽음을 예감하면서 한 말에 그의 의지가 담겨 있다.

> **"너희들은 돌아가 처자를 보호해라. 나는 나라를 위하여 성을**
> **지키겠다. 의리상 돌아갈 수 없다."**

여섯 살 터울로 좋게 지내던 동생이 목숨을 잃었으니 슬픔이 컸을 것이다. 한편으로는 나라를 위해 목숨을 바치는 것을 당연하게 생각하고 나아가 자랑스럽게 여기는 마음도 작지 않았을 것이다.

이령을 모시는 충순당(가야읍 검암리 100-2)

이칭을 기리는 황곡서당(가야읍 검암리 101)

이칭은 왜적이 물러갔다는 얘기를 듣고 동생 이령이 더욱 생각났다. 시신을 거두지 못한 탓에 대신 의복을 묻고 만든 동생의 무덤을 찾았을지도 모른다. 이 시를 지어 보이며 동생과 자신을 위안하지 않았을까. 예순 넘은 노인이 여섯 살 아래 동생의 무덤을 찾은 쓸쓸한 모습이 그려진다.

중국 덕분에 왜적을 물리쳤을까

그런데 한 가지 생각해볼 대목이 있다. 이칭은 왜적이 물러났다는 기쁜 소식을 듣고 중국 명나라 황제의 은혜를 먼저 떠올렸다. 지금 관점에서 보면 이해할 수 없는 일이지만 이런 인식의 바탕에는 명나라가 우리나라를 위해 대신 싸워주었다는 전제가 깔려 있다.

하지만 이것은 사실과 다르다. 왜적이 처음 쳐들어와서 한 말이 '우리는 중국을 치러 가는 것이니 길을 빌려달라'였다. 그리고 이에 대한 조선의 응답은 '죽기는 쉬워도 길을 빌려주기는 어렵다'는 것이었다.

말하자면 명나라가 우리나라를 위해 대신 싸워준 것이 아니라 우리나라가 명나라를 위해 이 땅에서 대신 싸워준 것이었다. 덕분에 명나라는 자기 영토에는 피 한 방울 흘리지 않고 조선 땅에서 왜적을 방어할 수 있었다.

물론 실제 상황은 이보다 훨씬 복잡해서 칼로 자르듯 단순하게 판단할 수 있는 것은 아니다. 그러나 최소한 명나라의 참전이 우리나라를 위해서만이 아니라 명나라를 위해서도 이롭기 때문에 나섰다는 것은 분명한 사실이다.

명나라 군대의 폐해

명나라 군대의 폐해도 심각했다. 그들은 우리나라를 전쟁에서 구해준다는 명목으로 군량을 요구해 배불리 먹고 좋은 잠자리에서 잠을 잤다. 반면 조선 군사들은 제대로 먹지도 못하고 하늘을 가리지 못하는 밖에서 자는 경우가 많았다.

명나라 군대는 군졸이 우리나라 장교를 두들겨패도 아무 제약이 없었고 고을 수령까지 붙잡아 묶고 때렸으나 아무런 제지도 받지 않았다. 심지어 우리나라 장군 4명을 한꺼번에 끌고가 곤장을 치고 폭행하는 일도 있었는데 이 때문에 경상도 병마절도사 박진은 갈비뼈가 부러진 끝에 목숨까지 잃었다.

　백성들도 가혹한 대가를 치러야 했다. 명나라 군대의 노략질과 토색질은 왜적보다 심했다. 그들의 패악질은 또 다른 전쟁이나 다름없는 큰 상처를 남겼다. '긁어대는 토색질이 왜적은 얼레빗 같고 명나라는 참빗 같다'는 말까지 생겼을 정도였다.

선조조차 중국 덕분론

　이칭의 이 같은 인식을 이칭의 탓으로만 돌리기는 어렵다. 당시에는 그렇게 인식했던 사람들이 뜻밖에 많았다. 대표적으로 전란을 겪은 당사자인 선조 임금을 꼽을 수 있다. 그는 조선 군대 중에서도 육군은 제대로 싸운 것이 하나도 없다고 생각했다.

『선조실록』 1601년 3월 14일자에서 선조는 이렇게 말했다.

"왜적 평정은 오로지 중국 군대 덕분이었고 우리나라 장수
는 중국 군대를 뒤따르거나 요행히 낙오한 왜적의 머리를
얻었을 뿐이다. 일찍이 적병의 수급도 하나 베지 못했고 적
진도 하나 함락시키지 못했다."

1603년 2월 12일자에서도 이렇게 밝혔다.

"우리나라 장사들은 양을 보내 호랑이와 싸우는 것과 같았
다. 이순신과 원균의 승첩이 으뜸이고 권율의 행주싸움과
권응수의 영천 수복이 조금 뜻에 찬다. 나머지는 어쩌다 잘
했다고 해도 고작 성 하나를 지켰을 뿐이다."

그러나 상황을 결정짓는 핵심 동력은 바깥이 아니라 안에서 나
오기 마련이다. 왜적 침략 직후부터 불같이 들고 일어난 의병이 바
로 그것이다. 명나라의 도움이 아무리 컸다고 해도 나라를 지켜낸
가장 큰 원동력은 자발적으로 떨쳐 일어난 의병들이었다.

10. 까마귀가 어리석나 사람이 어리석나

조연이라는 인물이 쓴 '까마귀 이야기'는 많은 생각을 하게 하는 글이다. 자기 죽는 줄도 모르고 고기를 뜯어 먹으려고 달려드는 까마귀가 나은지, 눈앞에 보이는 이익과 재산에 현혹되어 죽을 둥 살 둥 애쓰다가 심신을 망치고야 마는 인간이 더 나은지에 대한 물음을 던지고 있다.

"어느 날 서울에서 한 거리에 갔더니 높다란 장대 끝에 부리가 길고 날개가 검은 새가 걸려 있었다. 그래서 거기 사는 사람에게 '저것은 효도할 줄 아는 새 까마귀가 아니오?' 하고 물었더니 '어리석은 새라서 자기 죽을 길로 갈 뿐이오'라면서 사연을 들려주었다.

여기는 백정의 집이 많아서 어떤 때는 하루아침에 열두 마리씩이나 소를 해체할 정도다. 그러면 살코기는 챙겨서 가져가고 뼈는 버리는데 그때마다 새들이 떼 지어 달려들어 뼈에 붙은 살점을 다투어 뜯어먹는다.

부리를 벌리고 날개를 푸드덕거리면서 깍깍 울어대기를 아침부터 저녁까지 해댄다. 도대체 그칠 줄 모르니 시끄러워서 차마 견디기 어렵다. 그래서 가만히 엎드려서 활을 쏘면 한 살에 죽어 나자빠지는 녀석들이 두세 마리씩 된다. 그렇게 죽은 녀석을 장대 끝에 걸어두면 뭇 까마귀들이

놀라서 흩어진다. 아침에 쏘아 죽여서 매달아 놓으면 저녁까지는 날아들지 않는데 이튿날 아침에는 다시 날아든다. 저녁에 쏘아 죽이면 아침까지는 날아들지 않는데 그날 저녁에는 또 모여든다.

오늘까지 10년 남짓 되었는데 이렇게 죽은 까마귀가 얼마나 되는지도 모를 정도로 많다. 이렇게 하루도 깨우치고 조심할 줄 모르는 새가 바로 까마귀다. 그런데 무슨 효도를 아는 새라고 그러느냐."

사연을 알게 된 조연은 자기 생각을 덧붙여 적었다.

"만물 가운데 가장 신령스러운 본성을 갖춘 것은 사람이 유일하다. 그런데 명예와 이익을 좇아 바쁘게 내달리며 권력을 탐하고 녹봉에 연연하여 아침에 칼을 물고 죽고 저녁에 도끼에 쓰러진 사람이 예로부터 지금까지 줄을 이어 나타났다.

그런데 마음으로 즐겨 그대로 따라 하고 깨우치고 조심할

줄 모르면서도 모두 말하기를 자기가 똑똑하다고 한다. 많은
재산과 높은 연봉의 재앙이 소 뼈다귀보다 더하며 사람의
무지가 이 까마귀보다 더한 것을 세상에 누가 알겠는가.”

사람들은 대부분 지금 누리고 있는 것보다 더 많은 재산과 더 높은 지위를 원한다. 이를 이룩하기 위해 자기 한 몸 돌보지 않고 심지어는 목숨을 걸고 달려들기도 한다. 그렇게 해서 어떤 사람은 많은 재부와 높은 지위를 차지하기도 하지만 대부분 많은 것을 잃게 된다.

가진 것에 만족한다는 ‘안분지족’이나 가지지 않는 만큼 가볍다는 ‘무소유’는 정말 옳은 말이지만 누구나 쉽게 실천하기는 어려운 일이다. 그러니 소뼈에 붙어 있는 고기를 뜯어 먹으려다가 화살에 맞아 죽는 까마귀보다 재산과 지위에 눈이 멀어 맹목적으로 내달리는 사람이 어떻게 더 똑똑하다고 할 수 있겠는가 하는 탄식이 나오는 것이다.

11. 언제나 좋은 물 이야기

일신당 기문

“흐르는 물이 구덩이를 메운 다음에야 나아가 큰 강에 이르고 바다에 이르는 것을 보아라. 자네가 하는 공부도 이와 같으면 좋을 것이네.”

임진왜란이 끝나고 나서 함안 고향에 돌아온 조식은 외아들 조임도를 위하여 공부할 공간을 하나 마련했다. 조식의 후배인 조평(1569~1647년)이 1605년 여기를 둘러보고 '쉬지 않고 실천하여 차근차근 공부를 이루어나갈 것'을 조임도에게 권하면서 했던 말이다.

이 말에는 여러 가지 뜻이 담겨 있다. 물은 절대로 건너뛰는 법이 없다. 불은 거세차게 타올라서 주위를 온통 다 태울 기세여도 바람이 세게 불면 다른 데로 옮아 가지만 물은 아무리 빠르게 흘러도 반드시 가까이부터 적시고 채워야지 더 먼 데로 흘러간다.

구덩이는 자기 앞에 있고 큰 강이나 바다는 한참을 나가야 만나게 된다. 가까운 구덩이를 채우지 않고서는 멀리 나아갈 수 없다. 자칫 가까운 것, 작은 것을 무시하고 큰 것, 멀리 있는 것에 매달리기 쉬움을 구덩이의 물에 비유해 경계하라고 이른다. 사람살이도 이와 같지 않을까 싶다. 모든 것의 시작은 가깝고 사소한 데 있다는 깊은 뜻이 담긴 구절이다.

3장

풍속

풍속

1. 천둥번개는 하늘의 경고였다

오졸자 박한주 사적

"임금에게 곧은 소리를 아끼지 않던 박한주는 더 이상 어찌
할 바가 없다는 것을 깨닫고 1497년 경북 예천군수를 자청
해서 서울 조정을 벗어났다. 그러던 중 뜻하지 않게 1498년
8월에 무오사화가 일어나자 김종직의 제자라는 이유만으
로 벽동군으로 유배형에 처해졌다.

그런데 1500년 여름에 비가 내리지도 않는데 천둥이 치고
대궐 문밖에서 사람이 벼락에 맞는 일이 일어났다. 그 뒤에
벽동에서 낙안으로 귀양지가 바뀌었다."

벽동군은 평안북도에 있는 우리나라에서 가장 추운 지역이다.

한겨울에는 소변이 바로 얼어붙고 조금만 방심하면 살갗이 얼어서 갈라 터지는 극한 환경이었으니 여기서 하는 귀양살이는 몇 배나 더 고통스럽고 위험한 일이었다.

그런데 갑자기 따뜻한 남쪽 전라도 낙안(전남 순천시 낙안면 일대)으로 귀양지가 옮겨지게 되었다. 같은 귀양살이지만 비교도 되지 않는 좋은 환경에서 얼어 죽을 걱정은 하지 않아도 되었다.

박한주로서는 불행 중 다행이라고 할 수 있다. 그런데 어째서 이런 일이 생겼을까? 바로 천둥벼락 덕분이었다. 요즘 같으면 아무것도 아닌 기상이변이지만 과학 지식이 부족했던 옛날에는 죄수들의 유배지까지 바꿀 수 있었다.

임금이 억울한 처분을 해서 그 원망이 하늘에 닿아 천둥번개가 내리쳤다고 믿은 것이다. 천둥번개가 가장 영향을 미쳤던 것은 옥사였다. 누군가에게 지나치게 무거운 형벌을 내렸기 때문이라고 여겨 죄가 가벼운 사람은 방면하고 사형수는 한 단계 낮추어 귀양살이를 시키기도 했다. 하늘의 노여움을 풀어야 한다고 생각했던 것이다.

심지어는 천둥번개가 치면 조정 대신들은 임금을 제대로 모시지 못한 탓이라며 사표를 내기도 했다. 임금은 스스로 조심하고 행동을 삼가는 의미로 거처하는 궁전을 작은 데로 옮기고 수라상의 반찬 가짓수도 줄였다. 또 폐단이나 억울함이 있으면 밀봉 상소를 올리게 하여 대신들도 못 보도록 하고 임금이 손수 뜯어서 보기도 했다.

박한주·조종도를 모셨던 덕암서원 유허비(함안면 봉성리 845-2)

천둥번개에 대한 이런 대응을 두고 비과학적이라고 무시할 수도 있다. 하지만 한편으로는 이런 이변을 임금과 대신들이 자신들에게 잘못이 없는지 돌아보는 계기로 삼았다는 것은 눈여겨볼 만하다. 시공을 초월해 그런 장치가 작동한다면 전쟁이나 갈등이 줄어든 세상에서 살아갈 수 있지 않을까 싶은 생각을 해 보게 된다.

2. 옛날 결혼과 요즘 결혼은 무엇이 다를까

종부 주부 조감 묘갈명

"조감의 아버지 조정견은 1544년 남평현감 백인걸 (1497~1579년)의 현명함을 존경하여 그 딸을 며느리로 맞이하기로 하였다. 이후 백인걸은 1545년 을사사화에 바른 말을 한 탓으로 감옥에 갇혔다가 1547년에 함경도 안변에 유배 가는 신세가 되었다.

재앙이 어디까지 미칠지 알 수 없는 상황이었는데도 조정견은 전혀 동요하지 않고 약속대로 아들 조감을 천리 먼 곳 경기도 파주의 처가로 보내 결혼을 하게 하고 재물도 함께 보내 학문을 배우는 데 쓰도록 하였다.

조감은 천석지기 부잣집에서 자라나 청백하고 검소한 기풍에 익숙지 못한 상태에서 15살 어린 나이에 하루아침에 먼 타향의 가난한 집에 장가가서 비바람도 가리지 못하는 초

가집에 살게 되었다.

그러나 나이에 걸맞지 않게 의연한 태도로 좁쌀밥과 나물 뿌리를 꿀처럼 달게 먹고 말과 얼굴에 조금도 싫어하는 기색을 나타내지 않았다. 나는 1551년부터 조감과 같은 글방에서 공부하게 되었는데 부잣집 아들이라는 것을 전혀 알아차리지 못했을 정두였다.

조감의 딸은 나의 아들 진사 성문준에게 시집을 왔다. 조감과 내가 함께 백인걸의 집에서 공부할 때 뱃속에 든 아이를 놓고 후에 맺어주기로 약속하여 마침내 결혼시킨 것이다."

결혼의 주체가 달랐다

본문에 나오는 '나'는 성혼(1535~1598년)이라는 인물이다. 조감의 장인 백인걸을 스승으로 모시고 같은 집에서 다섯 살 많은 조감과 동문수학하면서 보고 들은 이야기를 적은 글이다.

성혼은 조정견의 아들 조감과 백인걸의 딸이 어떻게 해서 부부의 인연으로 맺어졌는지를 전해주고 있는데 지금은 상상조차 할 수 없는 일이다. 심지어 딸이 마음에 들어서가 아니라 그 아버지가 훌륭해서 며느리로 삼았다니 요즘 20~30대가 보면 깜짝 놀랄 일이다.

성혼의 아들과 조감의 딸이 맺어진 사연은 더더욱 황당하기 짝이 없다. 아이가 아직 태어나지도 않았고 성별조차 알 수 없는 상황인데도 양쪽 아버지의 결정만으로 결혼이 성사되었으니 말이다.

　이런 일이 가능했던 데에는 시대 상황이 가장 크게 작용했다. 옛날에는 지금과 달리 결혼의 주체가 당사자 개인이 아니라 가문이었기 때문에 일어날 수 있었던 일이다. 지금은 남자와 여자 개인이 만나서 결혼을 하고 독립적인 주체로 살아가는 게 당연한 세상으로 바뀌었다.

　이런 기록을 통해 우리는 결혼이 갖는 의미가 시대에 따라 어떻게 달라졌는지를 들여다볼 수 있게 된다.

3. 지금과 달리 흔했던 처가살이

정무공 이호성 사적

"원래는 경북 김천에 살았으나 함안 사람 안여경의 사위가
되어 함안 동지산으로 옮겨와 살았으며 늙어서는 김천으로
다시 돌아갔다. 무덤은 김천 하로촌 남쪽 산기슭에 있으며
안팎의 자손들은 함안에 번성해서 살고 있다."

오졸자 박한주 유고

"밀양에 살다가 함안 사람인 안효문의 딸을 아내로 맞아들
이면서 함안 모곡촌으로 옮겨 살았다."

홍문관 교리 하옥 유고

"선대는 진주 사람이지만 할아버지 하정발이 함안 사람 조
녕의 딸을 아내로 맞아들이면서부터 함안 평광리로 옮겨
살게 되었다."

의령현감 오석복 유고

"함안 사람인 훈련원 참군 김치성의 딸을 아내로 맞이하면
서부터 모곡촌으로 옮겨 살았다."

백암 오운 유고

"함안에서 살다가 의령에 사는 진사 허사렴의 딸을 아내로 맞으면서 의령으로 옮겨 살았고, 나중에는 경북 영주로 옮겨가 살다가 세상을 떠났다."

망운정 조지 유고

"화산 권씨에게 장가들었는데 권씨의 집이 청송부 안덕현 (경북 청송군 안덕면 일대)에 있었기 때문에 거기서 살게 되었다."

작계 성경침(1543~1610년) 유고

"원래 창녕 사람이었지만 함안으로 장가드는 바람에 함안 군으로 옮겨와서 살았다."

내헌 조연 사적

"조연이 조치당의 딸에게 장가들었는데, 그 집이 청송부 안덕현에 있고 또 청송의 산수가 뛰어나서 거기에서 늙어 마칠 계획을 하였다. 그러나 늘그막에 고향을 잊지 못하여 1563년 함안 산족리 신계동으로 돌아왔다."

성균관 생원 안택

"대대로 의령에 살았는데 함안군 두곡촌에 사는 조세번의 딸에게 장가들면서 그로 말미암아 옮겨와 살게 되었다."

지금은 처가살이를 안 좋게 보지만

'겉보리 서 말만 있어도 처가살이는 안 한다'는 말이 있다. 처가에 들어가 살면 장인·장모 눈치가 보여서 피곤하고 고달프기 때문에 어지간하면 하지 말아야 한다는 뜻이다. 무능하고 가난한 남자가 어쩔 수 없이 선택하는 것이 처가살이라는 얘기이기도 하다.

그렇지만 옛날에는 많은 사람들이 처가에 들어가서 살았다. 그러다가 한두 해만 지내고 나오는 것도 아니고 아들딸 낳고 손자까지 보면서 대대로 자리 잡고 사는 것이 다반사였다니 남존여비가 강조되는 시절에 그런 일이 가능했다고? 싶은 사람들도 드물지 않을 것 같다.

우리가 잘 아는 의병장 곽재우 장군도 원래는 의령이 아니고 현풍(대구시 달성군 현풍읍 일대) 사람이었는데 아버지 곽월이 의령에 사는 진주 강씨 집안으로 장가드는 바람에 거기서 태어나 평생을 살게 되었던 것이다.

딸도 재산을 물려받았기에

이런 일이 가능했던 것은 딸도 재산을 상속받았기 때문이다. 요즘은 상속에 아들딸 구분이 없어졌지만 조선 후기부터 최근까지는 결혼한 딸은 출가외인이라고 상속받을 권리가 없는 시절도 있었다. 그리고 보면 아들 중심의 재산 상속은 생각보다 역사가 그리 길지 않은 셈이다.

일가를 이루어 살기 위해서는 경제적인 능력이 필수였다. 이를 위해 기댈 언덕이 있으면 그것이 친가든 처가든 별 상관을 하지 않았다. 장인이 딸에게 농지와 노비 등을 물려주었는데 아무래도 처가가 부유할수록 처가살이를 많이 하지 않았을까 싶다.

'백암 오운 유고'에 나오는 오운(1540~1617년)의 경우를 살펴보면 처가살이의 실제 모습을 좀 더 자세히 들여다볼 수 있다.

함안에 태어나 살던 오운은 처가가 있는 의령에서 살다 다시 경북 영주로 옮겨갔다. 한 번이 아니라 두 번 이사를 한 것은 오운의 아내 허씨가 친정 부모로부터 영주에 있는 집과 농지를 물려받았기 때문이다.

그런데 흥미로운 것은 영주 재산이 허씨 집안에 대대로 내려온 것이 아니라 오운의 장모가 아들이 없고 딸만 둘이었던 친정아버지로부터 상속받은 것이었다. 재산분배 등 경제적인 문제가 처가살이와 밀접하게 관련되어 있었음을 이를 통해 미루어 짐작할 수 있다.

4. 부모님 봉양을 위해 외직을 한다

정무공 이호성 사적

"서울에서 벼슬하던 이호성(1397~1467년)은 1455년에 어머니가 늙어서 경주부윤으로 나갔다가 1456년 가을에 울산의 경상좌도병마절도사로 옮겼다. 1458년 여름 임기가 차서 교체되어야 했지만 임금이 늙은 어머니를 봉양하고 싶다는 생각을 딱하게 여겨 계속 머물며 어머니를 모시도록 하고 그 효성을 표창했다."

증호조참판 조동호 묘비문

"조동호는 1480년 중앙 조정에서 일하는 사헌부 감찰에 제수되었으나 아버지 조려가 늙어서 외직을 희망하여 거창 고을을 맡게 되었다.

1513년 가을에 나이가 많아 사직하고 함안 본가에 돌아왔다. 아들 3형제가 모두 늙은 부모를 위하여 외직을 희망하여 조순은 1515년에 김해군으로, 조삼은 1513년에 함양군으로, 조적은

1516년에 단성군으로 왔다. 이들은 마치 세 솥발처럼 나뉘어 서로 이어가며 와서 부모를 돌보았다. 둘째 조건도 경상우도 우후로 있으면서 부모님을 봉양했다."

오졸자 박한주 여표문

"성종 임금 때 서울 조정에서 일하다가 부모 봉양을 위해 외직을 청하여 창녕현감으로 나갔다. 연산군 시절 다시 서울 조정으로 들어갔으나 임금은 거칠어지고 나랏일도 잘못되어 가지만 본인이 어떻게 해 볼 수 없음을 알았다. 부모 봉양을 위해 평해군(경북 울진군 평해읍 일대) 수령을 맡았는데 늙으신 부모가 있는 고을과 멀다는 이유로 다시 경북 예천군수로 옮겨갔다"

조동호 부부 무덤(군북면 하림리 산80)

중앙 조정에서 하는 벼슬을 내직이라 하고 서울이 아닌 다른 지역에 나와서 하는 이를테면 군수·현감·관찰사 같은 벼슬을 외직이라 한다. 이렇게 부모님 봉양을 원하는 사람들이 바깥에서 벼슬을 하려고 했던 데는 까닭이 있었다.

첫째는 거리 때문이었는데 요즘처럼 교통이 발달되지 않은 상황에서 내직을 하게 되면 부모를 뵙기가 쉽지 않았다. 서울에서 함안까지는 빨라도 보름이고 보통은 한 달인데 왕복하면 두 달이 걸려야 했다. 반면 창원이나 김해·의령 같은 데로 옮겨오면 훨씬 손쉽게 오갈 수 있었다.

둘째는 고을 수령을 하면 서울 대궐에서 임금을 모실 때와는 비교할 수 없을 정도로 자유로웠다. 서울에서는 정시에 출퇴근을 하고 임금이 부르면 한밤중에라도 달려가야 했지만 고을 수령은 그럴 일이 없었던 것도 부모를 모시기에 좋은 조건이었다.

고을의 관아에 부모님을 직접 모셔 놓고 지낼 수도 있었다. 옛날에는 공과 사의 구분이 지금과 같지 않았던데다 수령이 부모님께 효도를 다하는 모습을 보이는 것이 백성들을 교화하는 데에도 도움이 된다고 생각했다.

요즘이야 자식이 성공하기만 하면, 또는 잘 살아주기만 하면 그 자체가 훌륭한 효도라고 여기는 사람이 많지만 옛날에는 효를 실천하는 방법이 지금과는 달랐다. 몸소 모시면서 아침저녁으로 부모님의 안위를 살피는 것을 최고 효도로 여겼기 때문에 이런 일들이 많았다.

5. 친인척이 오자 벼슬 자리를 바꾸었다

증호조참판 조동호 묘비문

"조동호가 1483년 거창 고을을 맡게 되었는데 얼마 되지
않아 부인의 오촌조카 이육이 관찰사로 임명되어 오자 전
라도 무주군수로 자리를 바꾸어 갔다."

친척 관계에 있으면 같은 관청이나 업무상 서로 겹치는 자리를
피하는 제도를 상피(相避)라고 한다. 친족·처족·외족 등의 4촌까
지 적용되었는데, 사사로운 인정에 끌려 일이 잘못되는 것을 막고
나라를 다스리는 데에 객관성과 정당성을 확보하기 위한 제도였다.

상피는 과거에도 적용되었다. 시험 치르는 사람 중에 친척이나
절친이 있으면 해당 감독관을 다른 시험장으로 옮기거나 그만두게
했다. 하지만 『조선왕조실록』에 시험 부정 관련 기록이 적지 않은
것을 보면 그다지 잘 지켜지지는 않았던 것 같다.

6. 부모가 죽으면 벼슬을 그만두었다

증호조참판 조동호 묘비문

"1480년에 사헌부 감찰로 있을 때 어머니의 상복을 입었
다. 1489년 군자감 주부로 있을 때는 아버지의 상복을 입었

다. 1492년에 청하(경북 포항시 청하면 일대)현감으로 가 있었을 때는 할머니의 상복을 입었다. 이렇게 앞뒤로 9년 동안 전부 하던 벼슬을 그만두고 시묘살이하면서 상례를 마쳤다."

어머니와 아버지에 할머니까지 모두 9년에 걸쳐 상복을 입었다. 당연히 상복을 입는 9년 동안은 하던 벼슬을 그만둔 상태였다. 집에 돌아와 시신을 모시고 무덤을 지키며 여러 가지 제사를 갖추어 올렸다.

하필이면 왜 삼년상일까?

삼년상은 절차가 까다롭고 복잡했다. 부모님이 죽고 나서 사흘 뒤에 염습하고 나흘 뒤에 상복을 입고 석 달 지나면 장사를 치르면서 첫 제사 초우제를 올렸다. 장례를 치렀어도 석 달 뒤 졸곡제를 치르기 전에는 날마다 곡 소리를 내야 했다.

졸곡제 다음날에는 부모의 혼백을 사당에 모셨으며 죽은 지 1년 되는 날에는 소상을, 2년 되는 날에는 대상을 치렀다. 상복을 벗는 것은 만 2년 1일 만인 대상 다음날이었다. 그동안은 부모의 무덤을 지키면서 바깥출입은 하지 않는 것이 원칙이었다.

상복을 벗었어도 곧바로 일상으로 돌아갈 수 있는 것은 아니었다. 대상 석 달 뒤 담제를 올린 다음에야 예전과 같은 생활로 돌아갈 수 있었다. 이때부터 바깥활동을 하면서 술을 마시고 고기를 먹어도 무방했다.

이렇게 긴 기간 동안 상례를 치른 까닭은 무엇일까? 사람이 태어나면 부모가 3년을 품에 안고 길러야 비로소 서거나 걷는 등 자립할 수 있다고 생각했다. 어릴 적 부모의 은공이 절대적이기에 부모가 죽으면 똑같이 3년 동안 몸과 마음을 삼가며 슬퍼해야 한다고 여겼다. 그래야 부모가 베풀어 주신 은혜를 갚을 수 있다고 보았던 것이다.

국법으로 벼슬을 그만두게 했고

부모가 죽으면 하던 벼슬을 그만두는 것은 나라에서 정해놓은 법도였다. 벼슬하던 개인이 사직 여부를 선택하는 것이 아니었다. 당시는 부모에 대한 효도가 가장 앞서는 절대적인 가치였기 때문이다. 그 바탕에는 조상신이 실재한다고 믿는 일종의 신앙심도 깔려 있었다.

이처럼 나라에서 부모에 대한 효도를 우선시한 까닭은 무엇일까. 효도를 강조할수록 국가에 대한 충성도 효과적으로 고무시킬 수 있었기 때문이다. 부모와 자식의 관계를 국가로 확대한 것이 임금과 신하의 관계였다. 충신은 효자 집안에서 난다는 말이 그래서 생겼다.

'기복'이라는 것이 있었다

부모 상중에도 벼슬을 하는 것은 특별한 경우에만 허용되었다. 이를 두고 기복(起復)이라 하는데 이 또한 개인이 원한다고 해서 할 수 있는 것은 아니었다. 스스로 기복을 하는 것은 효를 저버리는 행위였고 조정에서 선택하여 임명하는 것이 원칙이었다.

부모가 아파도 벼슬을 그만두었다. 물론 임금이 허락하지 않고 붙잡아 두는 경우도 있었다. 그러면 대신 의원이나 약재를 보내 부모를 치료하도록 하곤 했다.

그렇다면 벼슬을 하지 않고 아픈 부모를 모시고 있는 상황에서 임금이 부르면 어떻게 했을까? 두말할 필요도 없이 사양하고 벼슬길에 나가지 말아야 했다. '집현전 직제학 어변갑 행장'에서 확인되는 사실이다.

"1417년 가을에 통덕랑 사간원 우헌납 지제교로 임명했으나 마침 아버지의 병 때문에 사양하고 나가지 않았다."

그때는 당연했지만 요즘 세상에서는 이해하기 힘든 일이다.

7. 부자간의 벼슬 바꿔치기

집현전 직제학 어변갑 행장

"어변갑이 1409년 봉훈랑(종5품 하)이 되어 충주 판관으로 나갔다. 그때 아버지 어연은 선무랑(종6품 하)으로 하양(경북 경산시 하양읍 일대) 감무로 한직에 있었다. 아버지가 청렴하고 정직한 자질 때문에 세상에 쓰이지 못하는 것을 보면서 어변갑이 민망하게 여기고 자기 직책으로 대신하기를 청하는 글을 임금에게 올렸다. 마침내 임금의 윤허가 떨어져 아버지가 봉훈랑 판관으로 승진하게 됐다."

부자간에 벼슬을 바꾼다는 것은 요즘 세상에서는 어떤 경우에도 있을 수 없는 일이다. 아버지와 아들 모두 별개의 독립된 개인으로 인정되기 때문이다. 또 부모 자식 관계는 사사로운 것이어서 공적 활동에 영향을 끼쳐서는 안 된다는 원칙도 뚜렷하게 세워져 있다.

하지만 옛날에는 그렇지 않았다. 어디에서든 아들은 아버지보다 높을 수 없었다. 그것은 불효이고 민망한 일이었다. 충과 효를 앞세우는 유교의 나라에서 집안의 중심은 조상과 아버지였다. 위계질서를 유지하기 위해서 벼슬을 바꾸는 것을 나라에서 허락했을 정도다.

어연(왼쪽)과 부인 함안 이씨의 무덤(산인면 내인리 산35)

8. 이 정도는 아파야 벼슬을 그만두지

지금은 공무원을 하다가도 언제나 그만둘 수 있지만 옛날에는 그렇지 못했다. 벼슬에 임명되었을 때도 합당한 이유 없이는 거부할 수 없었고 그만두는 것도 임금이 허락하지 않으면 물러날 수가 없었다. 마음대로 그만두었다가는 처벌 받기 십상이었는데 유배형에 처해지는 경우도 많았다.

이런 제도가 불과 100년 전만 해도 시퍼렇게 살아 있었다. 민국이 아니라 왕국인 것이 원인이었다. 하지만 대한제국에서 대한민국으로 바뀌게 되면서 왕국을 벗어나게 되었고 이로써 모든 국민이 주인으로 대접받는 민주공화국이 되었다.

어변갑도 벼슬을 그만두고 싶었지만 쉽사리 그만두지 못했는데 다른 사람들과 비교되지 않을 정도로 뛰어난 실력 때문이었다. 『금라전신록』을 보면 그래도 그만둘 수 있었던 것은 고질적인 질병 덕분이었다고 적혀 있다.

집현전 직제학 어변갑 행장

"어변갑은 집현전에 들어간 뒤 임금의 은혜가 무거워서 임금 곁을 쉽사리 떠나지 못했다. 그래서 고향으로 돌아가 부모님을 봉양하는 것이 늦어지는 것을 늘 한스러워했다. 그러면서 늘 한탄하기를 '임금을 섬기는 날은 길고 부모를 섬기는 날은 짧다'고 했다.

그런데 때마침 1426년 봄에 고관절염을 앓게 되자 흔쾌히
사직원을 내면서 '고향집에 가서 온천에 목욕하며 병을 다
스리고자 합니다'라고 아뢰었다. 임금이 승정원에 명령하
기를 '병을 치료하겠다니 말릴 수는 없지만 언젠가는 다시
쓸 사람이다. 질병이 낫는대로 확인해서 신속히 아뢰어라'
라고 했다."

질병은 핑계, 사실은 부모 모시려고

그런데 이렇게 벼슬을 그만두려 한 까닭은 질병 치료보다는 부
모님을 곁에서 모시기 위해서라는 기록이 나온다. 실제로 그는 부
모님을 가까이에서 모시기 위하여 집에서 멀리 나가지도 않고 날마
다 아침저녁으로 부모님을 찾아뵈었다.

그렇게 지내는데 뜻밖에도 1428년 조정에서 임금이 김해부사
자리를 내리게 된다. 이에 본인을 추천해 준 이에게 올린 글이 『금
라전신록』에 실려 있다. 부모와 자식이 함께 늙어가면서 질병에 고
통받는 정상이 가련하기만 하다.

판중추부사 변계량에게 올리는 글

"남쪽으로 돌아온 이래 친구와 친지들이 '늙으신 부모님을
모시고 즐기며 자연 속에서 한가로이 지낸다'고 으레 말합
니다. 그러나 아버지는 1427년부터 속병으로 대소변을 가
리지 못하고 누워 계시면서 걸음걸이와 말씀도 온전하지

못하고 치매기도 있습니다. 어머니 또한 기침과 천식이 심하며 갈수록 파리하고 야위어지고 있습니다.

저도 다소 차도가 있다고는 하지만 지팡이를 짚지 않고서는 반 걸음도 걸을 수 없습니다. 요즘은 이에 더해 소갈증(물도 음식도 많이 먹지만 몸은 야위어지는 질병)이 생긴데다 정신까지 흐릿해지고 기운도 자꾸 빠집니다.

이렇게 부모와 자식이 서로에게 근심과 슬픔을 끼치고 즐거움이라고는 알지도 못할 지경입니다. 이제 제가 헛되이 늙어감을 불쌍히 여기셔서 김해부사를 주신 것은 알겠습니다만 실정이 이러니 제가 어디로 가겠습니까?"

『세종실록』에 나오는 어변갑의 벼슬 사양

김해는 어변갑과 그 부모가 머물고 있던 함안에서 가까운 고장이다. 여기에서 부사(요즘으로 치면 시장)를 하라는 것은 거리도 멀지 않고 봉급도 적지 않으니 그것으로 부모님을 좀더 풍족하게 모시라는 뜻도 포함되어 있다. 하지만 이 또한 어변갑은 굳이 사양했다.

비슷한 일은 4년 뒤에 한 번 더 있었다. 『세종실록』1432년 5월 17일자에 나온다.

"어변갑을 사간으로 삼았다. 어머니가 늙었다고 벼슬을 그만두고 돌아가 봉양한 지가 오래이므로, 임금이 아름답게 여기고 벼슬을 주었으나 사양하고 나가지 않았다."

9. 부모 초상에는 몰골이 수척해야 했다

오졸자 박한주 사적

"유배지에서 모친상을 당했는데 지나칠 정도로 슬퍼하여 몸이 상해서 살려고 하지 않는 것 같았다."

효자 증좌통례 이교(1466~1545년) 묘갈명

"나이 일흔셋에 어머니가 돌아가시니 수척해질 정도로 정성을 다했다."

이교와 그 딸을 기리는 부녀효열비(군북면 명관리 52-1)

증통정대부 공조참의 이원성 사적략

"모친상을 당하자 산소 옆 여막에 있으면서 아침저녁마다 곡을 하고 제사를 올렸다. 그러고는 반드시 집에 돌아와 아버지를 보살폈는데 집안사람들 얼굴은 보지 않았다. 또 잇달아 부친상을 당하자 지나칠 정도로 슬퍼하여 몸이 상했다. 처음 1년 동안은 죽만 먹었고 삼년상을 치른 이후 다시 3년을 더했다."

충순위 이희 제문

"여덟 살에 부친상을 당했는데 어머니가 그 쇠약한 것을 가엾게 여겨서 고기를 먹으라고 권했으나 울면서 듣지 않고 3년을 마쳤다."

이교와 이원성을 모시는 도천사(군북면 명관리 537-1)

교수 이희필 유고

"일곱 살에 모친상을 당해 사람들이 생선이나 고기를 권하면 번번이 눈물을 흘리며 '형이 먹으면 나도 먹겠습니다'라고 하면서 더러운 비린내에 물들까 두려워했다. 다시 부친상을 당하자 형 희련과 더불어 3년 동안 여묘살이를 했는데 한 번도 집에 가지 않으면서 삼가 제사를 지내고 정성으로 사람을 맞았다."

『금라전신록』 편찬한 조임도도

그는 어릴 때부터 효도에 뜻을 두었던 인물이었다. 아래는 『간송집』의 '연보'에 실려 있는 내용이다.

"1607년 부친상을 당하자 기절했다가 겨우 깨어난 이후 물도 한 모금 입에 대지 않았다. 묘소 곁에 여막을 짓고 아침저녁으로 상식을 올렸으며 손수 제물을 차리고 하루에 두 번 묘소를 살폈다. 상복을 벗지 않고 매일 미음을 먹으면서 채소나 과일을 먹지 않았다. 어버니께 문안 드리는 경우를 제외하고는 여막을 벗어나지 않았다."

"1621년 모친상을 당해서는 부친상보다 더욱 심하게 몸을 상했다. 절제하도록 말리는 사람이 없었기 때문이다. 죽만 먹으며 삼년상을 마치는 동안 모두들 위험하다고 여겼지만 결국 무사하였다."

부모를 보내드리는 진정한 도리는

옛날에는 부모 초상이 나면 술이나 고기를 먹지 않는 것은 물론
이고 삼년 동안 죽만 먹는 것이 기본이었다. 전복죽이나 잣죽 같은
영양이 풍부한 것 말고 쌀을 갈아서 만든 묽은 죽이었다. 몰골이 많
이 수척해져야 초상을 제대로 치렀다는 인정을 받았고 본인 역시
도리를 다하려면 그래야만 한다고 생각했다.

물론 부모님이 세상을 떠나면 다시는 볼 수 없다는 슬픔과 마지
막 떠나는 길에 예의를 다하고자 하는 심정은 충분히 헤아릴 수 있

다. 하지만 이렇게 자기 몸을 상하게 하는 것이 과연 진정한 효도인지는 의문이다.

스승 장현광(1554~1637년)이 제자 조임도에게 들려준 이야기는 되새겨볼 만하다. 그는 1622년 어머니 상중이던 조임도에게 이렇게 타일렀다.

> "자네의 상례가 중도를 넘어 견디기 힘들다고 들었네. 효성
> 을 다하는 도리는 부모님이 남겨주신 몸을 잘 보존하는 한
> 편으로 선친의 뜻을 이어받아 선조를 추모하는 일을 길이
> 이어갈 수 있도록 하는 것이 핵심이네."

10. 그때도 극심했던 서울 중심주의

목사 윤자영에게 바침

붉은 주머니 차고 푸른 역사 쓰며 임금을 모시다가
무슨 일로 뒤집혔나 진주에 귀양 왔네
모든 사람 입 모아 하나같이 우러르니
백성을 다스리는 것은 그 누구보다 나았네.

윤자영은 귀양 산 적이 없는데

조려가 이런 시를 지어 바친 윤자영(1420년~?)은 나이는 조려

와 동갑이고 과거 합격은 2년 선배였다. 학문이 높고 문장이 좋아서 많은 선비들이 함께 어울렸고 평판도 좋았다. 『세조실록』을 보면 1451년 문과에 급제하여 봉교·주부·직장·장령 등을 거쳤고 1455년 12월 정난원종 2등공신으로 꼽히면서 뒷날 죄를 지어도 너그럽게 용서받는 특전까지 받았다.

이후로 좋지 않은 사건이 잇달아 터졌다. 1459년 3월 의령현감 시절 강도 사건을 잘못 처리하여 엉뚱한 사람을 고문으로 죽게 했

고 1464년 3월에는 세자에게 사사로이 물품을 바쳤다가 '너만 세자에게 충성하느냐'며 임금의 미움을 사게 되었다.

이 때문에 벼슬을 떼이고 쫓겨났다가 이듬해 2월에야 용서를 받고 다시 벼슬을 할 수 있게 되었다. 그러다가 1466년 중시에서 우수한 성적으로 뽑혀서 정3품 당상관으로 승진되었는데 그것이 전부였다.

윤자영에 대한 세조의 평가는 냉정했다. 1461년 6월 윤자영을 경상도 경차관으로 삼았다가 바로 경질하는 과정에서 분명하게 나타났다.

> "비록 학문은 잘 알지만 성품이 원래 어리석고 어두우므로
> 바로 바꾸어야 하겠다."

그렇지만 학문이 필요한 분야에서는 윤자영을 불러 썼다. 세조 본인의 소양을 쌓기 위한 경연에 윤자영을 참여시켜 강연하게 했으며 1466년 윤3월에 『동국통감』을 편찬하는 작업에도 윤자영을 포함시켰다.

그런데도 진주에 귀양 왔다고 한 것은

이렇게 길게 윤자영을 살펴보았어도 귀양을 살았다는 기록은 없다. 반면 시기가 특정되지는 않지만 윤자영과 교류했던 이들의 글을 보면 '남쪽에서 임금의 명령을 받고 일했다'거나 '진주목사를 했다'든지 하는 표현은 자주 나온다.

그렇다면 조려의 시에 나오는 '진주에 귀양 왔네'는 윤자영이 진주목사를 맡아서 온 것을 비유적으로 이른 표현이라 할 수 있다. 이어지는 '백성들을 누구보다 잘 다스렸다'는 구절도 이를 뒷받침하고 있다.

임금이 있는 서울에서 멀리 떨어진 변방으로 밀려났다는 뉘앙스가 깔려 있는데 전형적인 서울중심주의다. 당시로는 가장 높은 임금이 있는 서울이니까 그리 생각할 만도 했다. 그런데 이런 서울중심주의는 임금이 사라진 지금도 여전하다. 서울에서 공무원을 하다가 지역으로 발령이 나면 직급이 이전과 같거나 높아도 좌천당했거나 한직으로 떨어졌다고 생각한다.

지역에서 학교를 졸업하고 서울로 유학을 간 젊은이들은 아무리 열악한 조건에서 살아도 다시는 고향이나 지역으로 돌아가고 싶어 하지 않는다. 돌아가는 것은 실패를 의미하기 때문이다. 그 이유를 두고 취업 기회와 생활환경을 내세우지만 그 뿌리가 이렇게 깊고 단단한 것임을 새삼 알려 주는 대목이다.

11. 배척되지 않는 불교, 까닭은?

지금은 종교의 자유가 보장되지만 조선시대는 그렇지 않았다. 오직 유교만 나라를 다스리는 기본원리로 채택되어 으뜸으로 꼽혔던 것이다. 민간에서 행해졌던 무속신앙은 물론 불교나 도교조차

방어산 마애약사여래삼존입상(군북면 하림리 산 130-4)

인정받지 못하고 배척을 당했다. 『금라전신록』에 실려 있는 어변 갑의 '불교를 배척하는 상소문'에서 그 실체를 엿볼 수 있다.

불교를 배척해야 한다는 어변갑

"불교는 화려한 전각을 짓고 진기한 음식을 마련하여 향불 을 피우고 공양하는 등 재물을 낭비합니다. 머리를 깎고 옷 을 검게 물들이며 세금을 떼어먹고 절간 앞으로 재산을 불 립니다. 풍년이든 흉년이든 앉아서 먹기만 하고 나라에 이

원효암(군북면 사촌4길 863) 칠성각

장춘사(칠북면 북원로 110-1) 삽작문

익은 조금도 끼치지 않습니다. 속이고 꾀어서 몰래 등골을 빼먹듯이 백성들의 재물을 좀먹습니다.

불교는 부모도 몰라보고 임금도 무시합니다. 말이 거창하여 사람들이 마음을 쉽사리 빼앗겨서 헷갈리고 헤매게 됩니다. 무지한 백성 중에도 고아와 과부들이 많이 속습니다. 죄를 두려워하고 복을 그리워하여 인연이니 과보니 하는 말에 쉽게 빠져드는 것입니다.

때문에 빈부귀천 없이 모두 사찰로 바삐 달려가 부처에게 밥 먹이고 스님에게 재 올리며 친구들을 불러 모아 다투어 사치하고 화려한 것만 일삼습니다. 부자는 재산을 탕진하고, 가난한 사람은 빚을 잔뜩 져서 49재를 마치면 삼년상을 지낼 여력도 약해집니다. 그러다 빚을 갚기 위해 집과 토지를 잡히거나 팔아야 하니 백성들이 살아갈 수 없게 됩니다.”

임금과 왕실이 먼저 모범을

“앞서 아버지 태종은 불교의 폐단과 관련해 일대 개혁을 했습니다. 첫째 재물을 바쳐 여는 법회를 없애고 둘째 명복을 비는 절간을 왕릉에 두지 않으며 셋째 전국에서 232개 사찰만 남기고 나머지는 문을 닫게 하고 넷째 딸린 토지와 인명을 나라 소속으로 가져왔습니다.

그러나 수륙재는 비록 간소해졌지만 없애지는 못했고, 상왕의 제삿날에 불공을 올려 명복을 비는 관례는 남아 있으

며, 임금의 탄신일에 만수무강을 기원하는 불교 행사도 그
대로입니다.

왕실이 이러니 양반 사대부 집안들이야 어떻겠습니까? 사
대부들이 그대로이니 서민들이야 말할 나위가 있겠습니
까? 여기서는 하면서 저기서는 하지 말라 하면 백성들은
믿지 않습니다."

지금은 법률로 해결하지만

불교 배척의 주된 이유를 불교 행사에 드는 물자와 인력의 낭비
로 꼽았다. 스님들이 노동은 하지 않고 앉아서 밥만 먹는 것은 인력
의 낭비이고 수륙재 등 불공에 들이는 음식과 재물은 물자의 낭비
라는 것이다. 불교의 교리가 옳지 않다는 것도 있지만 부차적인 것
이었다.

대책이 왕실부터 불교 행사를 줄이고 없애야 한다는 것이어서
흥미롭다. 지금 같으면 무슨 법률을 만들어서 그에 따라 규제하거
나 허용하도록 하겠지만 그때는 그보다는 임금이 모범을 보이는 것
이 더욱 효과를 높이는 일이었다.

당장 없애기 어려운 까닭

이런 상소에 대해 임금은 "참으로 이치에 합당하지만 부처의 법
이 유래가 오래되어 단번에 다 개혁하기는 어렵지 않겠는가"라고
답하면서 국가 차원이나 왕실에서 행하는 불교 행사를 당장 없앨

수는 없다는 답을 내놓았다.

불교는 조선시대 내내 집중적인 탄압을 받아 수많은 절이 사라지고 엄청난 수난을 겪었다. 양반들이 행차하면 부처님 모시는 대웅전을 질펀한 술자리로 내어줘야 했고 양반들이 등산하고 유람할 때는 스님들이 그들을 업어서 모셔야 했을 정도로 천대받았다. 향교나 서원을 절터에 세우고 이를 위해 석탑과 석등을 부수고 재활용하는 것도 서슴지 않았다.

그렇지만 불교는 명맥이 끊어지지 않았다. 유교와는 다르지만 불교도 나름대로 진리를 담고 있었기에 누구도 쉽게 없앨 수는 없었다. 또한 세종의 말처럼 아무리 이단이라 우겨도 들어온 지 오래되어 사람들 마음과 관행 속에 굳건하게 자리 잡고 있었기 때문이기도 했다.

어변갑도 알고 있었다

그러면 상소문을 지은 어변갑은 이런 사실을 몰랐을까? 그렇지는 않았다. 『금라전신록』에는 '불교를 배척하는 상소' 말고 함께 불교에 기울어져 있는 세상인심을 보여주는 어변갑의 시도 실려 있다.

"오늘날 유교가 차츰 떨쳐 일어나 기쁘지만

아직은 사람마다 하나같이 굳세지는 않네

어진 아들은 절간에 기대어 효성을 다하고

요승은 천당 간다 속임수로 꼬드기네."

그런데 불교에 대해 이 정도로 부정적이면 스님들과는 담을 쌓고 지냈을 것 같은데 실제로 그렇지 않았다. 『금라전신록』은 어변갑의 다른 글 '이징석 절제사가 쓴 족자 뒤에 쓰다'도 함께 전하고 있다. 여기에서 그는 아주 뜻밖의 모습을 보여주고 있다.

"1429년 여름 어느 날 우연히 자복사의 주지 성회 대선사
와 절 앞 시냇물에서 목욕을 하였다."

격식을 갖추어 만난 것도 아니고 흉허물없이 옷을 벗고 물속에 들어가 그토록 배척하던 스님과 자리를 함께했다. 게다가 이 성회 스님은 이 자리에서 1427~1431년 경상도 병마절제사로 창원에 와 있던 이징석의 서예 작품을 그에게 전해주기도 했다.

한쪽으로 불교를 배척해야 한다면서 다른 한편으로는 스님들과 친하게 지내는 것이 이상하게 여겨질 수도 있다. 그렇지만 달리 보면 불교를 배척해야 한다는 본인의 이상을 지향하면서도 불교가 엄연히 존재하는 현실을 인정하는 바람직한 태도를 보여준 것이라 할 수도 있다.

4장

금라전신록

금라전신록

1. 『금라전신록』이란 무엇일까?

함안에는 『금라전신록(金羅傳信錄)』이라는 책이 전해져 오고
있다. 조선시대인 1639년에 함안의 선비 조임도가 갖가지 자료를
모아 묶어낸 책이다. 책의 성격과 내용은 제목 '금라전신록'을 보면
짐작할 수 있다.

먼저 '금라'는 함안을 가리키는 옛날 별명이다. 『세종실록 지리
지』(1452년)와 『신증동국여지승람』(1530년), 그리고 『고려사』(1454
년)에 이르기까지 아시량(阿尸良)·아나가야(阿那伽倻)·함주(咸
州)·사라(沙羅)와 함께 소개되어 있는 별호이다.

'전신록'에서 '전'은 전해 온다는 것이고 '신'은 믿음직하다는 뜻
이며 '록'은 기록을 가리킨다. 그러니까 믿음직하게 전해져 오는 기
록이 전신록이다. 금라까지 합하면 함안에 전해오는 믿을 만한 기
록을 담은 책이 『금라전신록』이다.

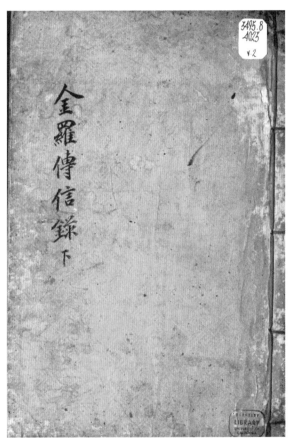

『금라전신록』 표지

이 책을 펴낸 조임도는 함안에서 태어나 자라고 세상을 떠난 토박이였다. 그래서 고향을 아끼는 마음으로 함안이 배출한 여러 인물들의 행적과 문장을 모았다. 다룬 시기는 700년 전인 고려 말기부터 시작해서 본인이 책을 편찬할 당시인 400년 전까지 300년가량이다.

2. 『금라전신록』에는 무엇이 담겼을까?

『금라전신록』은 상권에 인물을 실었고 하권에서 문장을 다루었다. 실린 인물은 이방실·조순(趙純)·어변갑·조려·이호성·이개지·이중현·조동호·조금호·박한주·이희조·조순(趙舜)·조수만·조응경·이의형·조삼·이교·조연·오언의·오석복·이원성·강신효·조감·조종도·박제인·이희·이정·이전·조식·조임도 등 모두 30명이다.

다룬 문장은 오일덕(2)·어변갑(46)·조려(41)·조욱(9)·이인형(4)·이의형(1)·박한주(6)·하옥(1)·오석복(1)·조순(4)·조적(2)·조연(11)·박덕손(3)·조응경(3)·강추(1)·이희필(1)·이희성(2)·조종도(11)·박제인(15)·이칭(14)·오운(8)·이정(7)·이길(10)·박오(1)·조지(1)·조역(3)·조식(19)·성경침(1)·안희(12)·이명호(4)·조일(1) 등 전부 31명의 문장 245편이다. 이밖에 이름을 올린 조녕·이맹현·안택·조물 등 4명에 대해서는 "시문이 전하지 않는다"고 따로 적었다.

이처럼 『금라전신록』은 앞에서 얘기한대로 특정 개인의 문집이 아니다. 지역을 중심에 놓고 인물과 문장을 두루 모아낸 책이다. 그런데 조선시대에 만들어진 책은 제자나 후손이 만든 개인 문집이 거의 전부다. 그러다 보니 주관에 치우쳐 별것 아닌 사실까지 부풀려지는 경우가 적지 않았다. 심지어 주인공을 기리기 위해 없었던 일까지 허구로 지어낸 경우도 많다.

『금라전신록』은 그렇게 할 수 없었다. 지역을 중심에 놓고 여러 인물을 다루었기 때문이다. 주관에 휘둘리거나 감정에 치우쳐 아무 이유 없이 누구는 빼고 누구는 넣고 할 수는 없었다. 그렇게 하면 지역사회로부터 곧바로 지적과 외면을 당하기 마련이기 때문이었다.

조임도는 원칙을 정하고 엄격하게 적용해 취사선택을 했다. 서문에 나와 있는데 ①**인물과 문장이 모두 귀중하면 당연히 싣고 ②인물은 훌륭하지 않아도 문장이 사랑스럽거나 ③문장은 뛰어나지 않으나 인물이 아까우면 채택했으며 또 ④인물을 버릴 수 없는 경우는 문장이 전해지지 않아도 그 이름을 올렸다.**

그는 이렇게 함으로써 어느 한쪽으로 치우치지 않는 정당성, 어느 누구로부터도 틀렸다는 지적을 받지 않을 수 있는 객관성, 과거와 당대의 훌륭한 인물과 문장을 남김없이 후세로 전달하는 효용성 셋을 두루 아울러 갖출 수 있게 되었다.

3. 『금라전신록』을 왜 편찬했을까?

함안은 600년 전인 조선 전기부터 높은 벼슬을 하고 멋진 문장을 짓는 인물들이 많이 나왔다. 그들이 주도한 문화가 풍성했던 덕분에 옛날식으로 말하면 '사대부와 문물이 성대하고 풍속과 예법이 아름다운 고장'이 바로 함안이었다.

그런데 1592~1598년 7년 동안 임진왜란을 겪으면서 인물과 문물이 함께 사라지고 말았다. 아울러 그런 내용이 담겨 있는 서적들도 불타서 없어진 상태였다. 전란 이후 1600년에 오운이 적은 『함주지』 발문을 보면 "산익리의 경우 전에는 호구가 850이었으나 지금은 고향으로 돌아온 사람이 하나도 없을 정도"였다. 함안은 그 참혹한 전란의 7년 동안 왜적에게 빼앗긴 점령지였고 그들과 맞서 싸우는 전쟁터였다.

그래서 후세 사람들에게 지역의 역사와 인물·문화를 전하기 위해서는 새롭게 찾아서 모으고 기록할 필요가 있었고 그 힘든 역할을 조임도가 스스로 떠맡았다. 다만 1587년에 편찬된 『함주지』가 하나 남아 있어 크게 참고할 수 있었던 것은 다행이었다. 하지만 다른 사적은 실려 있지 않은 한계가 있었고 전란 이후의 사적은 별도로 발품을 들여야 했다.

조임도는 이런 작업을 통해 함안의 옛날 자취를 후세에 전하고자 했다. 그렇게 되면 후세 사람들이 책에 실린 내용을 본받을 수 있을 것으로 믿었다. 고향 후배들이 좀더 훌륭한 인물이 되고 고향 후배들의 문장이 더욱 빛나는 기록이 되기를 소망했던 것이다.

4. 『금라전신록』 인쇄는 언제 되었을까?

조임도가 『금라전신록』의 편찬을 마무리 지은 시점은 1639년 이었다. 이때는 붓으로 써놓기만 했을 뿐 인쇄까지 마친 상태는 아니 었다. 지금이야 곧바로 컴퓨터로 인쇄할 수 있지만 그때는 나무를 베 어 만든 목판에 하나하나 활자를 새겨넣어야 가능한 것이 인쇄였다.

이렇게 인력과 물자를 들일 수 없었기 때문에 『금라전신록』은 오랜 세월 동안 세상에 널리 퍼지지 못하고 있었다. 그때는 복사기 같은 것이 있을 수 없었기 때문에 한동안은 책을 간직하고 싶으면 붓으로 베껴 쓰는 것이 고작이었다.

『금라전신록』 말미에 붙어 있는 두 발문을 보면 저간의 사정이 짐작된다. 1695년에 함안 사람 조석규가 쓴 발문은 인쇄를 못 하고 대량으로 보급하지 못해서 안타깝다고 밝혔다.

> "『금라전신록』이 선생의 집에 있으면서 아직 판각을 하여
> 고을에 널리 퍼지지 못했으니 나중에 태어난 사람으로서
> 참으로 부끄럽다. 만약 그렇게 할 수만 있다면 우리 고을의
> 보배일 뿐만 아니라 다른 고을 사람들도 흠모하고 감동하
> 게 될 것이다."

또 1743년에 함안군수로 있었던 이휘진도 발문을 지었는데 거 기에는 인쇄를 하지 못 할 처지이므로 관청·학교·문중에서 두루 베껴 써서 널리 퍼뜨리고 후세에도 전해지게 하자는 제안이 담겨

있다.

인쇄는 그로부터 다시 80년이 지나고서야 가능했다. 1813년 송정서원에서 출간했는데, 송정서원은 1721년에 고향 후배들이 조임도를 모시기 위해 세운 것이었다. 편찬에서 출간까지 꼬박 175년이 걸렸다. 관청에서도 문중에서도 하지 못했다. 누구든지 마음만 먹으면 바로 인쇄할 수 있는 지금으로서는 생각도 하기 어려울 정도로 긴 세월이 흘렀다. 1979년 12월 경상남도 유형문화재로 지정된 이 목판은 현재 함안박물관에서 보관하고 있다.

조임도를 모셨던 송정서원 유허비(산인면 송정리 490-1)

5. 『금라전신록』에서 '금라'는 무엇일까?

금라는 함안의 별명이다. 조임도는 『금라전신록』 들머리에 쓴 서문에서 "옛날 다섯 가야국이 있었는데 함안군이 그중 하나로 금라는 그 옛 이름이다"라고 밝혔다. 『삼국유사』에 따르면 이 다섯 가야는 '아라가야(함안) 고령가야(함녕) 대가야(고령) 성산가야(성주) 소가야(고성)'를 가리킨다. 그렇다면 아라가야 당시에 썼던 옛 이름이 금라라는 얘기가 된다.

『금라전신록』에는 '금라'라는 표현이 여러 차례 나온다.

> "만고 금라의 경치 좋은 땅에 산천이 모두 한 정자 앞에 갖추어져 있네."
> "금라 옛 나라의 산천이 더욱 빛나네."
> "금라의 산수요 검계의 풍류로다."
> "금라 나라 천 년에 비록 확인할 수 있는 문헌은 없어도 영웅호걸이 그 얼마나 많았나."

이 '금라'를 풀어보면 이렇게 된다. '금'은 소리로 풀면 '큰'이 되고 뜻으로 풀면 '빛'이 된다. 그리고 '라'는 '신라'나 '아라가야'에서 보이는 '라'와 같은 것이니 나라를 나타내는 말이다. 그래서 금라는 '큰 나라' 또는 '빛나는 나라'라 할 수 있다. 1500~2000년 전 웅장했던 아라가야의 역사가 여기에도 담겨 있는 것이다.

명 황제의 총애는 좋기만 한 걸까

이와는 달리 '금라'라는 별명이 고려시대에 만들어졌다는 얘기도 있다. 함안문화원에서 2019년에 펴낸 『함안의 지명 유래(증보판)』를 보면 "고려 공민왕 22년(1373년)에 고을 사람 주영찬의 딸이 명나라에 들어가 궁인(宮人)이 되어 (황제의) 총애를 받음으로써 군으로 승격되었는데 이때 별호로 금라라 하였다"고 적혀 있다.

일단 주영찬이라는 사람이 있었고 그 딸이 명나라 황제의 사랑을 받은 것은 사실로 확인된다. 『고려사』를 보면 그해 7월 5일에 "주영찬의 딸은 일찍이 원나라에 들어갔는데 명나라 군대에 잡혔다가 궁인이 되면서 황제의 총애를 받았다"고 되어 있다. 또 "명나라 황제 주원장이 '성이 주씨인 여자아이를 지금 데리고 있다. 이 주씨 아이의 아버지를 명나라로 보내오라'고 1372년 12월 20일 아침에 말했다"는 기록도 『고려사』에 들어 있다.

당시 함안군은 금주(지금의 김해시)에 포함된 부분이었는데 주영찬의 딸 덕분에 독립된 군으로 승격한 것 또한 『신증동국여지승람』과 『고려사』에서 사실로 확인된다. 다만 '금라'라는 별명이 그로부터 생겨난 것인지 여부는 지금까지 『함안의 지명 유래(증보판)』 말고 다른 기록에서는 크로스체크가 되지 않고 있다.

어쨌거나 주영찬의 딸은 명나라 기록을 보면 주원장의 두 아들까지 낳았다. 그에 따라 주영찬도 출세를 하고 잘 살았을까? 당시 고려는 원나라의 속국 신세였지만 새롭게 떠오르는 명나라의 눈치도 보아야 하는 처지였다. 그래서 주영찬은 딸 덕분에 높은 벼슬을 얻을 수 있었다. 공민왕이 판선공시사였던 주영찬을 밀직부사로 승진시켰던 것이다.

명나라 황제 주원장은 주영찬을 자신이 사는 궁궐로 불러들이기까지 했다. 이에 공민왕은 1373년 10월 2일에 새해 인사를 하러 가는 사절단의 단장에 주영찬을 임명하고 중국으로 떠나보냈다. 그런데 일행이 탄 배가 11월 5일 전라도 영광 자은도에서 부서지는 바람에 주영찬은 그만 물에 빠져 숨지고 말았다.

한 치 앞도 알 수 없는 것이 사람의 운명이고 바람결에 출렁이는 돛단배보다 못한 것이 사람의 목숨인 모양이다.

6. 『금라전신록』을 편찬한 조임도는

조임도는 함안에서 태어나 임진왜란 시기 10년 남짓을 제외하고는 줄곧 함안을 기반 삼아 활동하고 생활했다. 합강정은 지금도 남아 있는 그의 삶의 자취이다. 남강과 낙동강이 하나를 이루는 자리인데 합강정에는 두 학문의 합치를 생각하는 마음도 담겨 있다. 그는 한강 정구를 본받고 배운 바가 있었는데 바로 그 한강 정구가 남강 상류에 살았던 남명 조식으로부터도 배웠고 낙동강 상류에 살았던 퇴계 이황으로부터도 배운 사람이었다.

이름을 몇 차례 바꾼 사연

『간송집』 연보에는 아래와 같은 일화들이 군데군데 들어 있다.

조임도가 늘그막에 거처로 삼았던 합강정

첫머리에 실려 있는 것은 6살 때 일이었다. 그는 어머니께 "이름을 원효(元孝)라 불러주십시오"라고 하였다. 어머니가 "마을에 원효라는 사람이 있다"고 하자 "그러면 백효(伯孝)라 불러주십시오"라 하였다. 아버지가 전해 듣고는 "이제 막 말을 배우는 어린아이가 벌써 효에 뜻을 두었나 보다"라면서 백효라 이름 지었다. 원(元)은 '으뜸'을 뜻하고 백(伯)은 '맏이'를 가리킨다.

17살 때는 이런 일도 있었다. 조임도가 평생 스승으로 삼은 장현광이라는 인물을 처음 만난 자리였다. 이때 이름이 기도(幾道)였다. 장현광은 "기(幾)는 가깝다는 말이다. 도에 가까워질 수 있다면 나쁜 것은 아니지만 좀 모자라는 느낌이 있다. 도의 끝까지 도달하도록 추구하면 좋겠다"고 하였다. 아버지가 듣고는 옳다고 여겨 임도(任道)로 바꾸었다. 도(道)는 세상 살아가는 합당한 이치를 가리키고 임(任)은 '걸맞다'는 뜻이 있다.

될성부른 나무는 떡잎부터 알아본다는데

1592년 임진왜란이 터졌을 때 조임도는 고작 여덟 살이었다. 왜적이 처들어와 곳곳을 휩쓸고 다닐 때라 먹을 것이 없었다. 농사지을 사람이 모두 죽고 다치거나 달아나는 바람에 흉년이 들었다.

> "선비 집안의 자제들도 몸소 좀도둑질을 하는 자들이 많았다. 그렇지만 조임도는 어린 나이인데도 콩이나 대추·밤 등 먹을 것을 보아도 보지 못한 것처럼 하였다."

아무리 굶주려도 남의 물건에는 어떤 경우이든 손대지 않았다는 얘기다. 말은 쉬울 것 같지만 실제로는 아주 어려운 일이다. 열흘이 아니라 사흘만 굶어도 남의 집 담장을 넘는다는 말까지 있을 정도니까.

물론 조임도도 여느 아이들처럼 놀지 않은 것은 아니었다. 어릴 적에 매미와 나비, 제비와 참새 새끼를 잡아서 갖고 놀곤 했다. 아버지가 이를 보고 호되게 나무랐다. 조임도가 외아들이어서 더욱 엄하게 다루었다. 조임도는 배우는 능력이 뛰어났던 것 같다.

> "곤충과 초목도 사람과 마찬가지로 천지의 기운을 타고난 것이다. 해롭지 않으면 품고 길러서 저마다 생명을 다할 수 있도록 해야 옳다. 어찌하여 하늘이 낸 생명을 해쳐서 함께 살아가는 조화를 해치는가? 옛날 사람들은 땅에서 금방 나

온 벌레도 죽이지 않았고 집안 마당에 나는 풀조차 그대로 두
었다. 이제 막 배우는 사람이라면 마땅히 본받을 일이다."

조임도는 어려서부터 풀과 나무를 돌보고 기르는 것을 즐겼다.
벼와 보리 같은 농작물도 마찬가지였다. 그러나 당시는 양반 가문
의 선비들이 몸소 농사를 짓는 것을 천하게 여겼기 때문에 스스로
자제했다.

벼슬 생각은 없었지만 과거 공부를 했다

조임도가 여덟 살 되던 해에 임진왜란이 일어났다. 조임도는 아
버지를 따라 고향을 떠나 피란길에 올라 10년 넘게 떠돌았다. 그러
는 동안 특별하게 벼슬을 하고 출세를 해야겠다는 생각이 자라지는
않았다.

오로지 부모님께 효도를 다하는 것을 자신의 가치로 삼았다. 부
모가 바라는 것이면 반사회적인 것만 아니라면 무엇이든 받아들였
다. 그 가운데 하나가 과거 합격이었다. 그래서 과거 공부를 열심히
했는데 한편으로 책을 읽고 글을 쓰는 것이 재미있기도 했다.

그의 과거 합격 이력은 화려하다. 옛날에는 고을의 젊은 선비들
가운데 될성부른 이들을 한데 모아 요즘 기숙학원처럼 공부시키는
관행이 있었다. 그는 이미 14살 시절에 여기 모의고사에서 20~30대
선배들을 제치고 장원을 차지했다.

조임도는 향시에는 20살과 26·31살 세 차례 합격하였고 회시

에는 30살과 32살 두 차례 합격했다. 특히 두 번째 회시에서는 특등으로 뽑히기까지 했다. 그래서 조임도가 과거장에 나타나면 다른 많은 수험생들의 주목을 받았다는 기록도 남아 있다. 그러나 여기까지만 과거에 나섰고 이후로는 스스로 즐기는 독서와 공부를 하였다. 여러 차례 합격으로 어머니를 충분히 기쁘게 해드렸기 때문일 것이다.

벼슬이 주어졌지만 맡아 하지는 않았다

옛날에는 꼭 과거에 합격해야만 벼슬을 할 수 있는 것이 아니었다. 효성이나 학문으로 훌륭한 인물이면 고을 사람들이나 수령 등의 추천으로 관직을 맡을 수 있었다. 조임도가 그런 경우에 해당되었다.

50살에 공릉참봉에 임명되었으나 나가지 않았고 63살에 대군사부에 임명되었을 때는 임금이 두 번이나 불렀기 때문에 나가려고 했으나 도중에 병이 도져서 그만두고 말았다. 마지막 세 번째는 75살 때인데 공조좌랑에 임명되었으나 늙고 병들었다는 이유로 사양했다.

자서전에서 이르기를

조임도는 짧은 자서전도 남겼다. 먼저 그는 자신의 호를 '간송(澗松)'이라 정한 이유부터 설명했다. 사는 곳의 냇가에 서 있는 소나무 두 그루를 보고 지은 것이었다. '간(澗)'은 산골짜기를 가리킨다.

"시냇가 소나무를 사랑하는 까닭은 날이 추워져도 모습을
바꾸지 않아서라네. 봄여름에 빼어난 절조 없다고 미워 말
라. 추운 시절이 오면 비로소 곧은 모습 볼 테니까."

그가 지향하는 바가 뚜렷하게 드러나 있다.

『간송집』에 실려 있는 이 자서전을 계속 읽어보면 나도 나중에
자서전을 쓰게 된다면 이렇게 자신 있게 써 내려갈 수 있으면 좋겠
다 싶은 구절이 제법 눈에 띈다. 이를테면 이런 대목들이다.

"처지가 위태롭고 하소연할 데 없는 홀아비·과부·고아나
혼자 사는 노인이라도 침범하거나 능멸하지 않았다. 세태
에 따라 부침하는 것은 이 늙은이가 할 수 없는 것이고, 빌
붙고 아첨하는 것은 이 늙은이가 달가워하지 않는 것이다.
남들에 대해서는 예단하지도 않고 억측하지도 않았다. 그러
나 그 사람의 거짓을 알게 되면 종신토록 함께하지 않았다.
온전하기를 바라다가 닥치는 헐뜯음과 생각지도 못했던 명
예가 종종 동시에 함께 닥치더라도 늙은이는 모두 웃음에
부쳤다."

7. 자료를 얻기 위해 얼마나 노력했을까

지금 어떤 문서를 갖고 있는데 누가 보여 달라고 하면 어떻게 할까? 휴대폰으로 카톡을 보내면 단박에 해결된다. 종이에 적은 것을 달라고 하면 복사기로 A4용지에 복사해서 건네면 그만이다.

하지만 옛날에는 남에게 주려면 원본을 일일이 베껴야 했고 그것을 전달하려면 사람이 직접 오가지 않으면 안 되었다. 탈것도 말과 소뿐이고 대부분은 걸어서 움직일 수밖에 없었다. 이런 상황에서 여기저기 흩어져 있는 기록을 모은다는 것은 여간 어렵고 힘든 일이 아니었다.

아파서 끙끙 앓으면서도

조임도는 임금의 지중한 부름에도 호응하지 못할 정도로 질병에 시달리고 있었다. 『금라전신록』 서문에서는 본인의 편찬 작업을 두고 "한가롭게 지내며 병을 요양하는 사이에 했던 한가로운 일"이라고 했으나 이는 스스로를 낮추는 표현이었을 뿐이다.

이런 정상은 기록을 얻기 위해 보낸 여러 편지에 나타나 있다. 발전된 의학이 없던 시기 선조들이 당해야 했던 고통이 눈앞에 바로 보인다. '대소헌전'을 얻으려고 지은이 유성룡(1542~1607년)의 아들 유진(1582~1635년)에게 1631년과 1632년에 보낸 편지가 대표적이다.

1631년 편지에서는 "허리와 척추가 쑤시는 통증 때문에 끙끙 앓고 있습니다. 편안한 때가 조금도 없이 하루하루를 지내고 있습니다"라 했고 1632년 두 번째 편지는 흉년까지 겹쳐져 있다.

> "날이 갈수록 쇠약해지는 몸에 병까지 들어 항상 걱정 속에
> 서 앓고 있습니다. 게다가 여러 해 홍수와 가뭄이 닥치는 바
> 람에 보리나 쌀 같은 양식이 없어 살아갈 방법이 없습니다."

첫 번째 편지에서 "간절한 심정으로 천만 기원합니다"라고 하였
는데도 해를 넘기자 두 번째 편지에서는 "처가쪽 하인이 그대 사는
곳을 지나갈 일이 있다기에 안부를 여쭙습니다"라고 능치는 한편
으로 "앞서 베껴서 주신다고 했던 '대소헌전'을 아직 손에 넣지 못해
한스럽습니다"라고 적었다. 기록 자료를 얻기 위해 마음을 쓰는 것
이 애잔할 정도다.

『함주지』에서 누락된 것도 찾아서 넣고

『금라전신록』의 적지 않은 부분이 『함주지』에 실려 있는 것들
이다. 1587년 만들어진 『함주지』가 임진왜란 7년을 겪고도 살아남
은 덕분에 큰 역할을 했던 것이다. 그런데 『함주지』가 유통되는 과
정에서 퇴계 이황이 쓴 '전의현감 오언의 묘갈명'이 빠지고 말았
다.

그러자 조임도는 오언의 증손자 오여벌(1579~1635년)이 가까운
창원에 부사로 와 있는 것을 알고는 곧장 편지를 써서 집안에서 보
관 중인 원본 『함주지』를 보내달라고 부탁했다.

『함주지』 표지

"마침 제사에 쓸 어물을 사는 일로 노비 팔해를 보냅니다. 모름지기 『함주지』를 작은 상자에 담아서 이 인편으로 부쳐주십시오. 고증을 마치고 곧장 돌려드릴 테니 잃어버릴 염려는 없을 것입니다."

전화도 자동차도 인터넷도 없던 시절에 자료 하나 얻으려고 사방팔방으로 노심초사하는 모습이 선하게 그려진다.

제 발로 찾아온 자료도 있다

조임도가 『금라전신록』 편찬을 시작한 시점을 여러 기록으로 살펴보면 늦어도 1612년이다. 편찬을 마무리한 1639년까지 28년의 세월이 걸렸다. 이렇게 오랜 세월 온갖 노력을 기울여 함안과 관련된 인물과 시문을 찾아 헤매자 알음알음으로 소문이 나기까지 했다. 그 덕분에 애타게 찾던 기록이 저절로 찾아오기도 했는데 성문준이 지은 '어계 조려 전기'가 그랬다.

당시 '어계 조려 전기'는 성문준 개인의 사사로운 기록으로 있었을 뿐 세상에 나와 사람들에게 알려지지 않은 상태였다. 그런데 조임도가 이를 듣고 뒤늦게나마 서둘러 찾는 바람에 1628년에 얻어볼 수 있게 되었다.

성문준 본인은 이미 세상을 떠난 상태였고 그 아들 성력(1580~1651년)이 경북 영천군수로 있으면서 그가 매우 간절하게 찾는다는 소문을 듣고 베껴 써서 보내준 덕분이었다. 조임도는 이를 두고 "200년 동안 묻히고 숨겨져 있었던 조상의 공덕이 이로써 밝게 드러나게 되었으니 정말 다행이고 운수가 좋다"고 말했다.

조순 부부 무덤(군북면 하림리 산80)

8. 역적 김안로의 글을 전부 실은 까닭은

옛날에는 사람이 패망하면 그가 쓴 글도 함께 버려졌다. 어떤 사람이 역적으로 몰려 처형당하면 그 글까지 모조리 불타는 아궁이에 던져졌던 것이다. 조임도는 그렇게 하지 않았다. 그렇게 해서 살아남아 『금라전신록』에 실린 것이 '대사헌 조순 신도비명'이었다.

'대사헌 조순 신도비명'은 『함주지』에도 실려 있다. 보통 신도비명을 실을 때는 누구누구가 썼다는 것을 글머리에 밝히는데 이 글은 그렇게 하지 않았다. 그냥 "대략 이르기를~~"이라고만 했다. 대신 끄트머리에서 "이렇게 일렀는데 김안로가 쓴 글이라 전문을 싣지 않는다"고 사연을 밝혔다. 훌륭한 인물의 생전 행적을 적은 글이니 널리 알리기는 해야겠는데 글쓴이가 마땅찮아서 이렇게 처리했다.

옛날에는 역적을 지칭할 때는 호는 물론 성도 붙이지 않고 그냥 이름만 불렀다. 그러니까 김안로(1481~1537년)가 아니라 안로가 되는 것이다. 조임도가 그렇게 했다.

"비문은 1527년에 지었는데 안로가 패망한 것은 1537년이다. 십 년 떨어진 사이에 길흉과 성패가 이와 같이 크게 달라졌지만 조순과는 무슨 관계가 있는가? 묘비명 전문을 보니 '조순은 장자이시니 제가 항상 예의로 대하고 경쇠 소리인 듯 조심했다'는 말도 있고 '인생의 장도에 노둔한 말과 천리마가 비로소 구분되니 아득히 천상에 있는 조순을 생각한다'고도 하였다."

그러면서 이렇게 덧붙였다.

"당시 존경하고 기리는 뜻을 나타냈는데다 문법이 신기하고 서사도 미묘하다. 그래서 감히 버려둘 수 없어서 『함주지』 찬록 구본에 근거하여 여기에 거두어 싣는다. 이는 '사람 때문에 말을 없애버려서는 안 된다'는 말의 뜻에 들어맞는다고 여겨진다."

말하자면 앞서 얘기한 『금라전신록』 편찬의 기준 가운데 ②인물이 훌륭하지는 않아도 문장이 사랑스러운 경우에 해당된다는 얘기다. 이밖에 남아 있는 시문이 없는데도 시문을 쓴 목록에 이름이 있는 인물도 있다. 문장이 좋다는 이유로 『금라전신록』에 올라간 35명 가운데 4명은 "시문이 전하지 않는다." 이는 편찬 기준 ④'인물을 버릴 수 없는 경우는 문장이 전해지지 않아도 그 이름을 올린다'에 해당된다. 의령현감 조녕, 관찰사 이맹현, 성균관 생원 안택, 성균관 생원 조물이 그들이다.

김안로는 얼마나 악독한 역적이었나

그나저나 김안로가 얼마나 악독한 역적이기에 이런 논란이 일어났을까 궁금하다. 먼저 김안로는 1506년 치러진 문과에 장원급제할 정도로 실력이 뛰어났고 문장도 빼어나게 잘 지었다. 실력으로 보면 대사헌 조순의 신도비명을 짓고도 남을 정도라 할 수 있다.

그래서 임금의 촉망을 받고 홍문관 직제학과 사간원 대사간 등 학식과 문장이 뛰어난 인물이 임명되는 요직을 두루 맡았고 이조판서까지 지냈다. 조정 대신들의 신망도 대단해서 1514년에는 문학에 재간이 있는 인물로 추천되었고 이듬해에는 더욱 훌륭한 관리가 되라고 특별히 휴가를 주고 공부만 하도록 하는 특전을 입기도 했다. 이에 힘입어서인지 임금이 신하들에게 농사의 고달픔을 주제로 시를 짓게 하고 성적을 매겼을 때는 으뜸을 차지했다.

그런데 너무 높아지고 극도로 귀해지면 반드시 재앙이 따르기 마련이다. 아들 김희가 중종 임금의 딸 효혜공주와 혼인해 왕실 외척이 된 1521년이 전환점이었다. 몇 해 동안 뇌물을 밝히고 권력을 탐하다가 결국 몰락의 길로 접어들고 말았다.

1524년에 막강해진 권력으로 파당을 짓는다는 이유로 탄핵당해 유배 갔고 1527년에는 아들 김희를 시켜 죽은 쥐를 태우고 왕세자를 저주하는 행위를 저질러 엉뚱한 사람들을 죽게 했다. 요행히도 당장 들통나지는 않아서 1531년부터는 왕세자를 보호한다는 구실을 내세워 실권을 장악하고 마음에 들지 않는 수많은 대신들을 쫓아내고 처형했다.

그러다가 1537년에 중종의 왕비 문정왕후를 쫓아내려다가 발각되면서 급격히 나락으로 떨어졌다. 예전에 쥐를 태워 세자를 저주했던 진상까지 밝혀지면서 사약을 받고 죽게 된 것이다. 학문과 재주는 높았지만 인간성은 그러하지 못했던 한 인물의 최후였다.

김안로가 사약을 받은 10월 27일의 『중종실록』에는 이런 내용까지 적혀 있다.

"눈이 멀고 못생긴 딸이 하나 있었는데 그 딸을 미워했다. 죽이려고 굶기면 밥 달라고 울부짖어서 이웃이 들을까 못 굶기고, 칼로 찔러 죽이면 시체에 자국이 나서 친척들이 알게 될까 두려워 못했다. 그래서 독사를 항아리에 넣고 독이 오르게 한 다음 딸에게 발을 넣게 하니 한 번 물자 죽었다. 김안로는 겉으로 슬픈 척하면서 이웃 일가에게 떠들기를 '딸이 변소에 가다 독사에 물려 죽었다'고 하였다. 이랬으니 무슨 일인들 못하였겠는가."

조순과 김안로는 같은 조정의 선후배

김안로는 생전에 조순과 어떤 관계였기에 비문을 썼을까도 설핏 궁금해진다. 1465년 태어난 조순은 1481년 태어난 김안로보다 10살 넘게 많다. 그리고 조순은 1492년 과거에 합격했고 김안로는 1506년 합격했으니 벼슬살이도 10년 넘게 일찍 시작한 대선배였다.

또 두 사람은 비슷한 시기에 같은 조정에 있으면서 함께 근무한 동료이기도 했다. 『중종실록』을 보면 1511년부터 1524년까지 두 사람이 선배와 후배로서 조정에서 함께 일하는 기록이 여럿 나온다.

1511년과 1523년에는 임금 앞에서 왜인에 대한 대책을 논의하는 회의에서 앞서거니 뒤서거니 의견을 내기도 했고 이런저런 벼슬자리에 두 사람이 나란히 임명되는 기록도 모두 세 차례나 나온다. 1522년 2월 7일자에서는 조순이 승정원 도승지로 김안로가 우부승지로 임명되어 눈길을 끄는데 지금의 대통령 비서실장과 비서실 차장으로 보면 된다.

이밖에 1523년 2월 26일자에서 김안로를 이조참판으로 조순을 예조참판으로 삼고 1524년 7월 5일자에서 김안로를 이조참판으로 조순을 경기도관찰사로 삼았으니 나란히 출세가도를 달리는 잘 나가는 두 사람이었다.

그러다 김안로는 1524년에 귀양살이를 떠났다가 1527년에 돌아왔고 조순은 같은 해 6월에 병사했다. 이런 상황에서 김안로에게 조순의 신도비명을 써 달라는 요청이 갔을 것으로 짐작된다. 같이 일했던 선배를 위하여 당대 최고의 명문장 김안로가 붓을 들었던 것이다.

9. 묘갈명·묘비명·묘지·신도비명 등은 요즘으로 치면 무엇일까?

『금라전신록』에 실린 글들을 보면 무덤과 관련된 단어가 유독 많이 나온다. 묘갈명 · 묘지명 · 신도비명 · 묘비문 · 묘표문 등이 그것이다. 묘갈명은 무덤 앞에 세우는 둥그스름한 작은 비석(=묘갈)에 새기는 글이고 묘지명은 무덤 앞에 두는 석판에 새기는 글이다.

또 묘비문은 무덤 앞에 세우는 비석에 새기는 글을 이르는데 이 가운데 업적이 크거나 지위가 높은 사람의 무덤에는 신도비라고 하는 좀 더 커다란 비석을 세우고 거기에 글을 새겼다. 이런 신도비명을 비롯해 무덤 앞에 세우는 이런저런 표지물에 새긴 글을 두루 일러서 묘표문이라 한다.

무덤 앞 비석에 새기는 글은 거의 모두가 죽은 사람의 이름이나 출신 그리고 행적을 담고 있다. 일종의 개인 전기라고 할 수 있는 것을 옛날 사람들은 왜 무덤 앞에다 마련해 두었을까? 무덤에 걸맞은 큰 돌을 찾아 표면을 고르게 하고 글까지 새기려면 작은 공력이 드는 것이 아닌데도 왜 그렇게 했을까?

조상의 무덤을 자주 찾았다

무덤 앞에 비석을 세운 뜻은 당연히 찾아오는 후세 사람들에게 보이기 위한 것이다. 옛날에는 한 해에 한두 차례 명절 때만 무덤을 찾아가는 것이 아니었다. 후손들은 사시사철 찾아가기도 했고 어떤 경우는 초하루와 보름 한 달에 두 번씩 찾아가기도 했다. 그럴 때마다 거기 서 있는 비석의 비문을 보면서 세상을 떠난 선조들을 기렸다.

후손들만 찾았던 것도 아니었다. 학문이 높거나 존경받는 인물은 후손이 아닌 사람들도 많이 찾아갔다. 1500년대 위대한 스승 남명 조식과 퇴계 이황 같은 경우를 대표적으로 들 수 있다. 그들의 무덤은 후손이나 직계 제자뿐 아니라 그 사상과 이론을 다른 사람들을 통해 배운 사람이나 그냥 존경하게 된 사람들도 많이 찾았다.

이런 발길은 당대에도 이어졌지만 100년 또는 400년가량 세월이 흐른 뒤에까지 끊이지 않았다. 1890년대와 1900년대 나라가 큰 위기에 있던 시기에는 선비들 사이에 임진왜란·병자호란 등등 예전 어려웠던 시절 나라를 위해 몸 바쳐 싸운 영웅이나 당대의 큰 스승이었던 이들의 행적을 찾아 떠나는 탐방이나 답사가 유행처럼 번지기도 했었다.

퇴계 이황과 친구 오언의가 시를 주고 받으며 노닌 삼우대 터를 후대인들이
찾아보고 세운 경도단(산인면 모곡리 630)

어떤 지역으로 여행을 가거나 아니면 그냥 지나가는 경우에도 그 지역의 존경할 만한 선현들의 무덤에 예물을 갖추고 절을 올리는 것이 선비들의 문화였다. 그렇게 하면서 무덤 앞에 놓여 있는 비문을 보고 거기 묻힌 인물의 살아생전 행적을 떠올리고 되새겼던 것이다.

한강 정구의 경우

지역의 수령이 찾아가는 경우도 있었다. 함안의 훌륭한 군수였고 『함주지』의 편찬을 주도한 한강 정구를 보기로 들 수 있다. 그는 1586년 부임하자마자 사람을 시켜서 함안에 있는 훌륭한 인물들의 무덤을 찾아가 다듬도록 하고 자신의 이름으로 제사까지 올렸다.

박한주는 연산군의 폭정에 충언을 아끼지 않다가 미움을 산 끝에 유배길에 올랐다가 처형을 당했는데 자신보다 앞서 창녕군수를 지낸 선배인데다가 그 행적과 인품을 존경해서 그 무덤을 찾았다. 이밖에 이교·이원성·다물의 무덤도 찾아가 돌보고 다듬게 하고 제사를 지냈는데 모두 효성이 지극한 효자들이었다.

정구의 이런 행보는 당연히 사람들에게 알려지게 마련이었다. 그러면서 새로 온 군수는 충성과 효도를 다른 무엇보다 중요시한다는 소문도 나게 되고 새로 부임한 고을에서 깍듯하게 예우를 갖추는 예의 바른 인물이라는 평판도 얻을 수 있었다. 정구 군수에게 무덤 참배는 고을을 다스리는 효과적인 수단이었다.

한강 정구를 기리는 정후 청덕비(아래)와 비각(함안면 봉성리 842)

이밖에 정려표비명이라는 것도 있다. 줄여서 여표비명이라고도 한다. 행실이 빼어난 충신·효자·열녀·효부들에게 나라가 표창하는 것을 정려라 하고 그 행적을 알리기 위해 비석에 새긴 글을 표비명이라 한다.

비문이 잘 보이지 않는 까닭은

그런데 지금 보면 비석에 새겨진 글자가 희미해져 알아보기 어려운 경우가 많다. 세월이 흐르면서 글자가 닳았기 때문이기도 하고 글자를 잘 보이도록 하는 장치가 없기 때문이기도 하다. 그래서 읽으려면 한문을 많이 아는 사람들도 새겨진 글자를 손으로 더듬거나 사진을 찍어서 확대해 보는 경우가 많다.

옛날에는 어땠을까? 글자가 닳는 것은 세월의 작용이니까 어쩔 수 없지만 글자를 좀 더 잘 보이게 하는 장치는 있었다. 새긴 글자에 붉게 주칠을 했던 것이다. 그러다가 후대로 내려오면서 묘비명의 중요성이 떨어지자 점차 주칠을 하지 않게 되었다.

『금라전신록』에는 묘비명 말고도 여러 형식의 글들이 실려 있다. 제문은 제사를 지내면서 죽은 이를 애도하며 읽는 글이고 행장은 역사 편찬이나 문집·전기 작성 등에 기초 자료로 쓰기 위하여 죽은 사람의 족보·성명·벼슬·생년월일·자손과 평소 언행 등을 간단하고 일목요연하게 적은 글이다. 서계는 벼슬아치가 임무를 마친 다음 임금이나 상관에게 결과를 보고하는 문서이며 제영은 제목을 붙여서 지은 시문이다.

이밖에도 기·서·전·찬·소·장·부·책과 같은 문체가 더 있다. 한문을 일상으로 썼던 옛날에는 낱낱이 구분할 필요가 있었겠지만 지금은 그렇지 않으니까 그냥 그런 것이 있구나 정도로 여기고 넘어가도 무방하지 싶다.

『금라전신록』 상권 목차

이방실 원수 사적(이 원수 사적)*

조순 중군 사적략(조 중군 사적략)

집현전 직제학 어변갑 행장(집현전 직제학 어공 행장)

어계 조려 전기(어계 선생 전)

정무공 이호성 사적(정무공 사적)

증호조참판** 이개지 묘비문(증호조참판 이공 묘비문)

병조참지 이중현 묘표략(병조참지 이공 묘표략)

증호조참판 조동호 묘비문(증호조참판 조공 묘비문)

첨지 증한성좌윤 조금호 비문(첨지 증한성조윤 조공 비문)

오졸자 박한주 사적 여표문(오졸자 박 선생 사적 여표문)

옥포만호 이희조 사적(옥포만호 이공 사적)

대사헌 조순 신도비명(대사헌 조공 신도비명)

남계처사 조수만 묘갈 묘지(남계처사 조공 묘갈 묘지)

사헌부 감찰 조응경 묘갈 묘지(사헌 감찰 조공 묘갈 묘지)

남계처사 조수만 진산 하씨 화상찬(남계처사 진산 하씨 화상찬)

사헌부 장령 이의형 묘갈명(사헌부 장령 이공 묘갈명)

---

* 원래 제목은 ( ) 안처럼 사람 이름이 빠져 있지만 여기서는 가독성을 높이기 위해 적어
 넣었다. 이하 모두 같다.
** 앞에 '증'이 붙으면 당사자가 세상을 떠난 뒤에 내려진 벼슬을 뜻한다.

사헌부 집의 조삼 무진정 기문(사헌부 집의 조공 무진정 기)

효자 증좌통례 이교 묘갈명(효자 증좌통례 이공 묘갈명)

내헌 조연 사적(내헌 조공 사적)

전의현감 오언의 묘갈명(전의현감 오공 묘갈명)

현감 오석복 삼우대 시(현감 오공 삼우대 시)

증통정대부 공조참의 이원성 사적략(증통정대부 공조참의 이공 사적략)

성균관 생원 강신효 제문(성균 생원 강공 제문)

종부 주부 조감 묘갈명(종부 주부 조공 묘갈명)

대소헌 조종도 전기(대소헌 전)

대소헌 조종도 사적략 여표비(대소헌 사적략 여표비)

황암 박제인 행장 묘갈명(박 황암 행장 묘갈명)

충순위 이희 제문(충순위 이공 제문)

향매와 기문(향매와 기)

이전 처사 사적(이 처사 사적)

일신당 기문 입암 조식 묘갈명(일신당 기 입암 묘갈명)

연어대 서문(연어대 서)

『금라전신록』 하권 목차

대사성 오일덕 유고(대사성 오공 유고)

집현전 직제학 어변갑 유고(집현전 직제학 어공 유고)

의령현감 조녕(의령현감 조공)→시문은 전하지 않는다

어계 조려 유고(어계 선생 유고)

교서관 저작 조욱 유고(교서 저작 조공 유고)

대사헌 이인형 유고(대사헌 이공 유고)

관찰사 이맹현(관찰사 이공)→시문은 전하지 않는다

사헌부 장령 이의형 유고(사헌부 장령 이공 유고)

오졸자 박한주 유고(오졸자 박 선생 유고)

홍문관 교리 하옥 유고(홍문 교리 하공 유고)

의령현감 오석복 유고(의령현감 오공 유고)

대사헌 조순 유고(대사헌 조공 유고)

판결사 조적 유고(판결사 조공 유고)

내헌 조연 유고(내헌 조공 유고)

성균관 진사 박덕손 유고(성균 진사 박공 유고)

성균관 생원 안택(성균 생원 안공)→시문은 전하지 않는다

하구정 조응경 유고(하구정 조공 유고)

합천향교 훈도 강추 유고(합천 훈도 강공 유고)

성균관 생원 조물(성균 생원 조공)→시문은 전하지 않는다

이희필 교수 유고(이 교수 유고)

도암 이희성 유고(이 도암 유고)

대소헌 조종도 유고(조 대소헌 유고)

황암 박제인 유고(박 황암 유고)

황곡 이칭 유고(이 황곡 유고)

백암 오운 유고(오 백암 유고)

향매와 이정 유고(향매와 유고)

독촌 이길 유고(이 독촌 유고)

동천 박오 유고(박 동천 유고)

대구부사 안희 유고(대구부사 안공 유고)

망운정 조지 유고(망운정 유고)

율헌 조역 유고(율헌 유고)

입암 조식 유고(입암 유고)

작계 성경침 유고(성 작계 유고)

매죽헌 이명호 유고(매죽헌 유고)

평시서 영 조일 유고(평시서 영 조공 유고)